CLA
Your success will largely depend upon how
you will make good use of your BOSS

上司ガチャ

20代の年収と成長の伸びしろは
上司との向き合い方が9割

株式会社エースディレクション 代表取締役社長
藤﨑友輔

CLATTER
Your success will largely depend upon how
you will make good use of your BOSS

ャ
びしろは
が9割
締役社長
輔
TER
depend upon how
se of your BOSS
20代
上

CROSSMEDIA
PUBLISHING

はじめに

「上司と相性が悪くて、仕事が憂鬱」

「同期のあの人みたいに、もっと優秀な上司に指導してもらいたかった」

「上司に叱られてばかりでつらい、早く配置換えしてほしい」

「上司が無関心で、ほぼ放置。こんな調子じゃなければ、もっと成長できるのに……」


このように、自分と合わない上司や〝無能〟な上司に悩んでいる人は、きっと少なくないだろう。新卒であれ中途採用であれ、入社先あるいは異動先でそんな上司に出会ったのなら、どんなにやる気に燃えていたところで、それが実を結ぶわけがない。

ビジネスの現場では、いくら優秀であっても周囲の人間によっては、自分の本当の力を発揮できずに終わる、なんてことはザラにある。特に上司の影響力は大きく、私自身もかつてこうしたことに悩み、くすぶっていた時期がある。

なぜ、自分の本当の実力が発揮できないのか？
なぜ、自分の上司は自分のよさや能力を認めてくれないのか？

「上司ガチャ」に失敗した人は、こうした苦しみを抱えているのではないだろうか。

本書のタイトル「上司ガチャ」という言葉は、一般的には「上司は選べないもので、いい上司に当たるかどうかは運次第」という意味合いで使われている。それはひとつの真実だと思うし、カプセルトイに当たりハズレがあるように、上司にも当たりハズレがあることは否めない。

しかし、いまの私は断言できる。上司ガチャは、運だけが左右するものでは決してない。自分の意志や姿勢次第で、いくらでも自力でガチャを回すことができるし、だから私たちは、自力で「理想の上司＝自分を成長させてくれる最強の上司」に出会うことができるのだ、と。

ここで、簡単に私の自己紹介をしたい。私はいま38歳だが、ＧＭＯインターネットグループ株式会社の代表、熊谷正寿氏の『一冊の手帳で夢は必ずかなう』（かんき出版、２００４年）という著書に感銘をうけ、新卒で当時のＧＭＯインターネット株式会社に営業として入社した。自慢に聞こえるかもしれないが、入社後３年で営業成績トップを獲得。わずか３年で全社員１５３７人中１位となり、７年勤めた後に転職し、尊敬する先輩が設立する会社の専務となった。その２年後には、自身の会社を設立して代表取締役に就任し、いまに至っている。

こう聞くと、「相当優秀なんだろうな」「若いのにすごい」「順風満帆」などと思うかもしれないし、実際にそう言われたこともある。けれど、私は最初から結果を出せるタイプでは決してなく、あらためて振り返ってみても、順風満帆だったとはとても思えない。

そもそも新卒入社したＧＭＯ時代の私は、自他共に認める「とにかく扱いづらい人材」だった。

社会人デビューを目指していたので、入社初日の自己紹介で「部署ナンバーワンの営業になります！」と高らかに宣言。もちろんすぐに結果が出るわけもなく、1カ月目につくれた売上は、平均150万円のところたった60万円。プレッシャーの大きさに今さら気づき、自分の言葉に首を絞められているかのようで、茫然としたことを覚えている。

けれど、4カ月ほどで状況は一転した。営業の仕事は私に向いていたようで、月に700万円ほどの売上をつくれるようになったのだが、そこから私は道を踏み外していく。簡単に言えば調子に乗ったのだ。ちなみに、私は生来そういうタイプではある。

「結果を出しているのだから、何をしたっていいんだ」。そんな気持ちを抱いて周囲を見下すようになり、周囲からも浮いた存在になっていく。それを自覚していたものの、当時の私はそれを他人のせいにし、「周りが自分を認めてくれないのなら、いっそ仕事を辞めてしまおうか」などと悩んだりもした。いま振り返れば、独りよがりでどうしようもないクズだと思う。売上の結果こそ出していたものの、休みがちになり週に2日程度しか出社しないこともあった。

そんな人間はどう考えても「問題児」で、現に私は13カ月の間に5回もの配置換えを経験し、つまり6人の上司のもとで働くことになった。いわば、「扱いづらいゆえに、誰も面倒を見たがらなかった」というわけで、私のほうに問題があることは明らかだが、そんな状態になっても私は上司をバカにし続けていた。言ってみれば、「上司のくせに自分よりも営業成績が悪い奴が、一丁前に意見してくるな」と考えていたわけである。

しかし、6人目に出会った「最強上司」により、私自身と私のビジネス人生は劇的に変わっていった。詳しくはこれから話していくが、私が本書を読んでいるみなさんにまず伝えたいのは、「最速で成長したいなら、最強の上司に出会う必要がある」ということ。そして「最高の上司は、自分の手で引き寄せるものである」ということだ。

本書では、私の経験をもとに、「上司ガチャ」を当たりにするためには一体どうすればいいのか、さまざまな視点から話していこうと思う。

ときには、「上司ガチャ」でハズレを引いたと感じることもあるだろう。しかし、自らの手でそれを「当たり」に変えるための考え方や行動のポイントはたしかにある。それは、ひいては「最速で成長するためには、具体的にどうすればいいのか」につながるものだと思っているが、それについて、私なりの考えを話していきたい。

この本が、かつての私のように「ハズレ上司に当たってしまったせいで、思うように成長できない」と悩んでいるみなさんの一助となれば、著者としてうれしい限りだ。

目次

はじめに——2

第1章

上司ガチャのレアリティは自分で高められる。——13

●「上司ガチャ」は、運で決まるものではない。——14
●上司ガチャにハズレたら、多くの人たちは「あきらめる」。——17
●「上司は部下を理解してくれるもの」は、幻想。——25
●上司との関係性を恋愛にたとえてみると。——29
●学生時代にいわゆる「上司ガチャ」経験を積んだ話。——32
●社会人デビューを目論んでGMOインターネットに入ったけれど。——37
●「社会不適合者」を「社会人」にしてくれた「最強上司」。——42
●「自分を買ってもらう」という営業スタイルの確立。——47
●ウケるキャラクターを見つけ、演じる。——51

●良き上司と出会えば、自分の強みはいくらでも伸びる。――54
●上司ガチャの「当たり」「ハズレ」を決めるのは自分自身。――59
●2：6：2の「6」の人こそ成長できる。――62
●「人付き合いをコントロールする」という感覚。――65
●「上司だから」という思い込みを捨てよ。――67
●上司ガチャは、自分でレアリティを高められる。――70
●仕事で成長するために、「上司ガチャ」に意味を与える。――74

第2章

3ステップで上司ガチャを「成長のチャンス」に変える。

3ステップで上司ガチャを「成長のチャンス」に変える。――79
●3つのステップで「上司ガチャ」を意味あるものに変える。――80
●上司のデータは、こうして集めろ。――84
●上司の「人間性」ではなく「スキル」に注目する。――97
●いまの自分に必要なスキルは剣？弓？盾？魔法？――103

●上司を5つのタイプに分けてみる。 —— 106
●自分に求められているキャラクターを理解し、演じる。 —— 112
●自分だけのポジションを見つける。 —— 115
●上司ガチャの「当たり」は準備している人に訪れる。 —— 118
●上司を好きになれば、上司も自分を好きになる。 —— 121
●上司との相性は「蓼食う虫も好き好き」。 —— 123
●上司ガチャの勝率を上げるために不可欠な4つのこと。 —— 125
●上司ガチャで「ハズレを引いてしまった」と思ったら。 —— 137

第3章

「自分の限界」を超えて、成功を勝ち得るために。 —— 147

●虚勢ではなく「心からの声」で、自分という人間力で勝負する。 —— 148
●仕事の「心幹」が成長を左右する。 —— 152
●「できること」に集中する。ただし、競合がいない場所で。 —— 157

●意識すべきは、「成功」よりも「成長」。——163
●人は、エレベーションに喜びを感じる。——167
●自分の性質や欲求をうまく利用する。——171
●どう生きたいか、どう死にたいか。——176
●時間配分を「クォーターバランス」で考える。——180
●圧倒的なトップを目指す。——184
●「壊すべきもの」と、「守るべきもの」。——187
●「自分の限界」を壊してくれる人を大切にする。——190
●どんなにつらくても、その状況を楽しむ。——194
●悩む時間はもったいない、いま、ここから行動を起こす。——196
おわりに——202

第1章

上司ガチャのレアリティは自分で高められる。

「上司ガチャ」は、運で決まるものではない。

本書のテーマは、タイトルのとおり「上司ガチャ」だ。私の会社の新卒社員が何気なく使ったこの言葉に興味を引かれ、この本のタイトルに使わせてもらうことにした。

「ガチャ」とはご存じのとおり、一般に「ガチャガチャ」と呼ばれるカプセルトイや、ゲームのアイテムのような、中身がランダムで決まる商品のことだ。ガチャの中身は自分で選べないし、欲しいものとは違う景品が入っていたからといって、そう簡単にやり直すことはできない。

社会に出た、いまであれば「大人買い」もできるだろうが、子どもの頃はガチャガチャの前で「何が出るだろう」とワクワクしたり、狙っていた景品を引き当てられずガッカリしたりした経験は、みなさんにも覚えがあることと思う。「上司ガチャ」とは、配属や配置転換、異動などに伴い、特定の上司のもとにつくことを指し、最近よく聞かれるようになった言葉である。「当たり」と感じることもあれば、その逆もあるのがガチャの常。会社という組織に属している限り、上司ガチャを引く機会は何度も訪れることとなる。

その多くは、入社面接や配属のタイミングだろう。所属部署のトップや人事部の担当者が、「この人は、あの人に合いそうだな」「この人のキャラクターは、あのチームに必要だ」などと考えながら上司と部下の組み合わせを検討していくが、一般的なガチャと同様、上司ガチャも一見ほぼランダムのように見える。

部下の立場から上司を選ぶことはできないし、ハズレだったからと言ってやり直す、要は「別の人に代えてほしい」なんて言えるわけもない。これが世間一般の常識だ。

けれど、私は声を大にして伝えたい。

上司ガチャは、決して運だけで決まるものではないし、一生懸命努力すれば、自らの手で上司を選べるようになる。

そしてハズレを引いてしまったとしても、それなりの対応策があり、どの上司につくかによって成長スピードは大きく変わってくる。

本章では、これらの点について具体的に話していこうと思う。

上司ガチャにハズレたら、多くの人たちは「あきらめる」。

そもそも、世の中の人は上司に対してどう思っているのだろうか？

10代から60代の働く男女500人を対象にした株式会社ビズヒッツによる「嫌いな上司に関する意識調査」によれば、「職場に嫌いな上司はいるか」という質問に対し、「はい」と回答した人は73・2％（500人中366人）。全体の7割以上の人が、職場に嫌いな上司がいるという。さらに、「上司が理由で会社を辞めたいと思ったことがあるか」という質問に対しては、65％が「ある」と回答。上司との関係性次第で、後ろ向きな退職や転職も起こり得るほど、部下にとって上司の存在は大きいものだということがうかがえる。

この調査では、「職場に嫌いな上司がいる」と答えた366人に、「上司のどんなところが嫌いか」を尋ねているが、結果は次のとおりだ。

1位……相手によって態度を変える
2位……仕事を押しつける／仕事をしない
3位……高圧的／偉そう
4位……気分屋
5位……自分がすべて正しいと思っている

こんな上司の下で働かざるを得ないとなれば、「上司ガチャにハズレた」と嘆きたくなるのは当然だと思う。

また、正社員として働いている452人を対象にした株式会社アッテルによる「上司ガチャの実態調査」（2022年）によれば、「現在もしくは過去に正社員として勤めた企業において『上司ガチャ』に恵まれたと感じたことはあるか」という質問に対し、「ある」と回答した人が70・8％にのぼった。一方、「『上司ガチャ』にはずれたと感じたことはあるか」という質問には、81％が「ある」と回答。上司ガチャで当たりを引いたことがある人よりも、ハズレを引いた経

■上司が理由で会社を辞めたいと思ったことがある

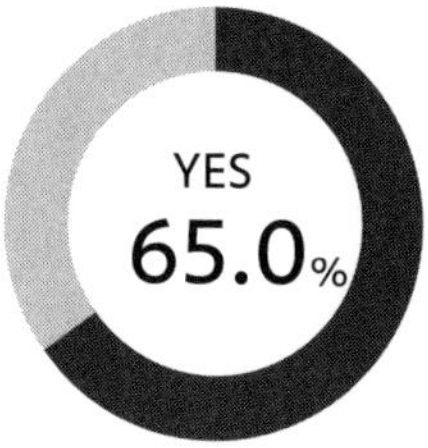

■職場に嫌いな上司がいる

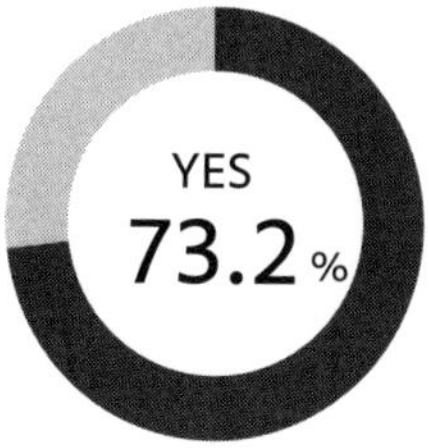

ランキング	上司の嫌いなところ	人数
1位	相手によって態度を変える	47
2位	仕事を押しつける／仕事をしない	44
3位	高圧的／偉そう	42
4位	気分屋	41
5位	自分がすべて正しいと思っている	40
6位	嫌味を言う／説教が長い	18
7位	責任感がない	17
8位	悪口を言う	14
9位	怒鳴る	13
10位	人に厳しく自分に甘い	12

出所：株式会社ビズヒッツ「嫌いな上司に関する意識調査」（2021年）をもとに作成

験のある人のほうが10%も高いという結果になっている。

この調査では、「恵まれたと感じた上司」と「はずれたと感じた上司」それぞれの特徴を聞いている。

「恵まれたと感じた上司」の特徴トップ3

1位……コミュニケーションが取りやすい（42・9%）
2位……人として尊敬できる（38・5%）
3位……面倒見が良い（38・3%）

「はずれたと感じた上司」の特徴トップ3

1位……指示が分かりにくく一貫性がない（48・5%）
2位……高圧的な態度を取る（47・8%）
3位……すぐに怒るなど感情的になりやすい（44・7%）

この調査にはまだ続きがある。「上司ガチャ」でハズレを引いたと感じたこ

■現在もしくは過去に正社員として勤めた企業において
「上司ガチャ」に恵まれたと感じたことはありますか？

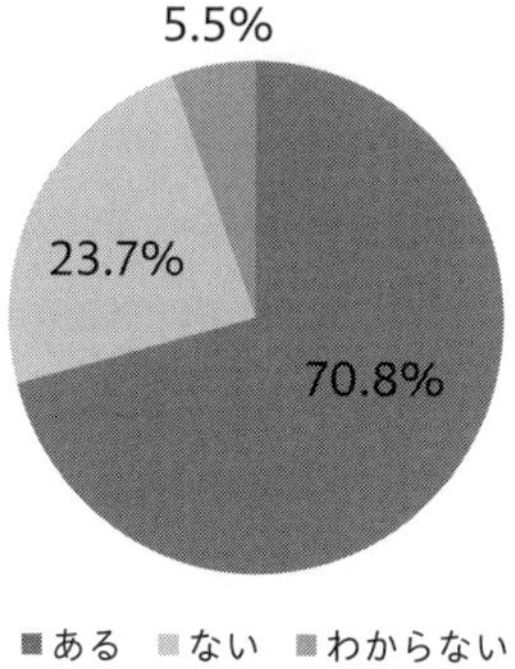

■現在もしくは過去に正社員として勤めた企業において
「上司ガチャ」にはずれたと感じたことはありますか？

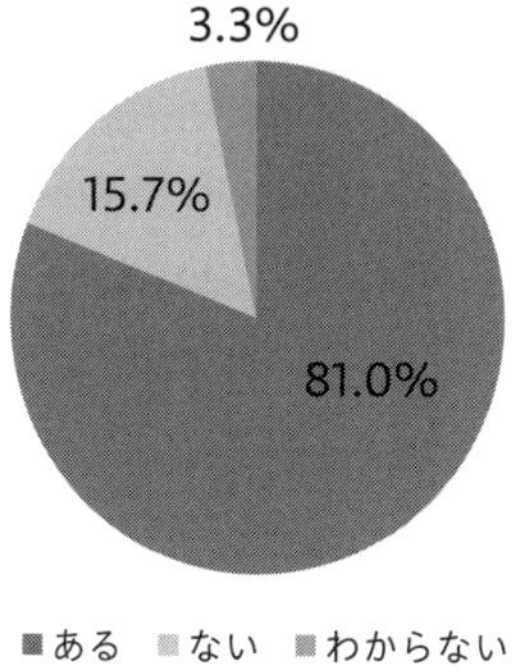

出所：株式会社アッテル「上司ガチャの実態調査」（2022年）をもとに作成

■「上司ガチャ」に恵まれたと感じた上司の特徴

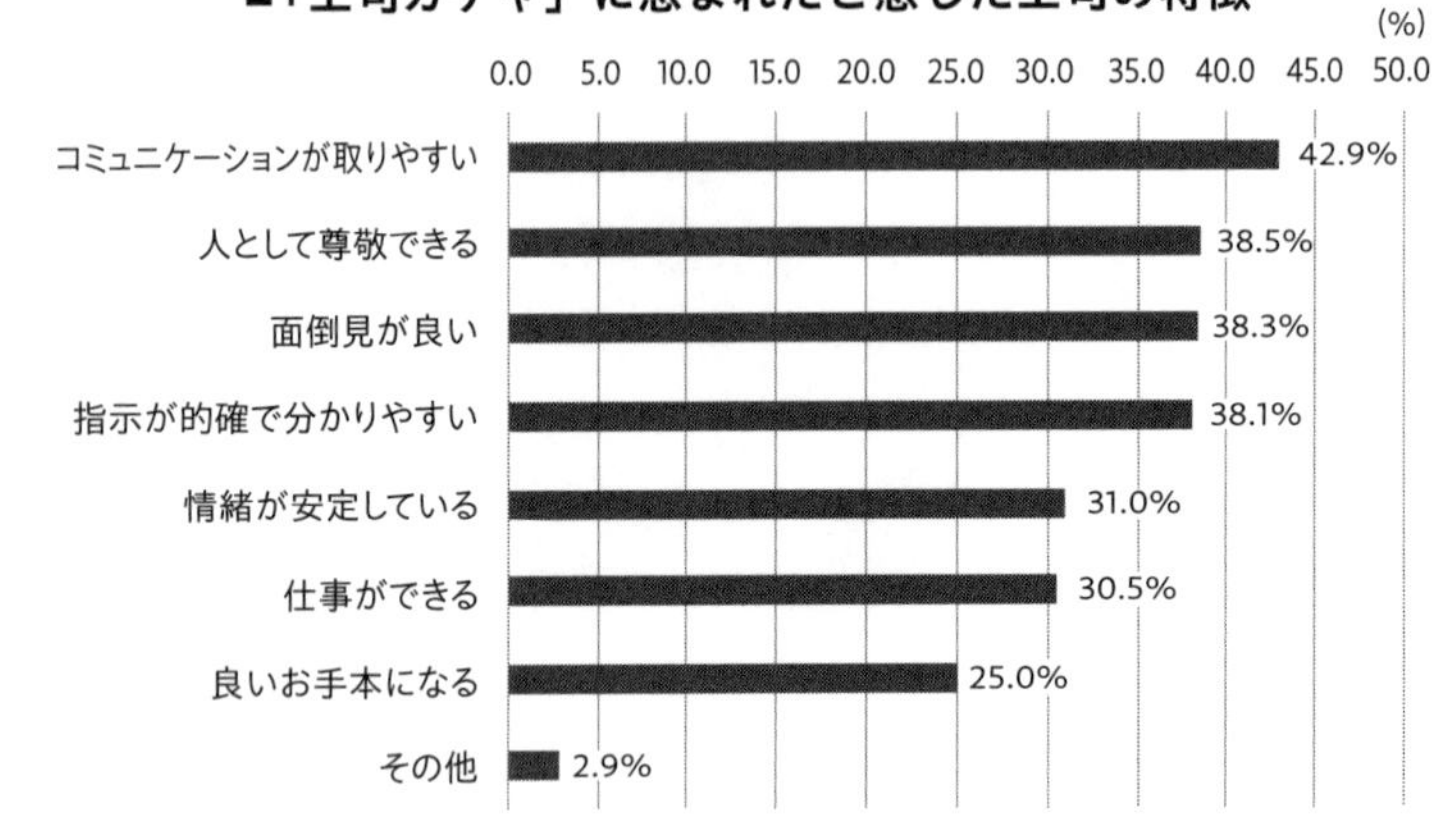

■「上司ガチャ」にはずれたと感じた上司の特徴

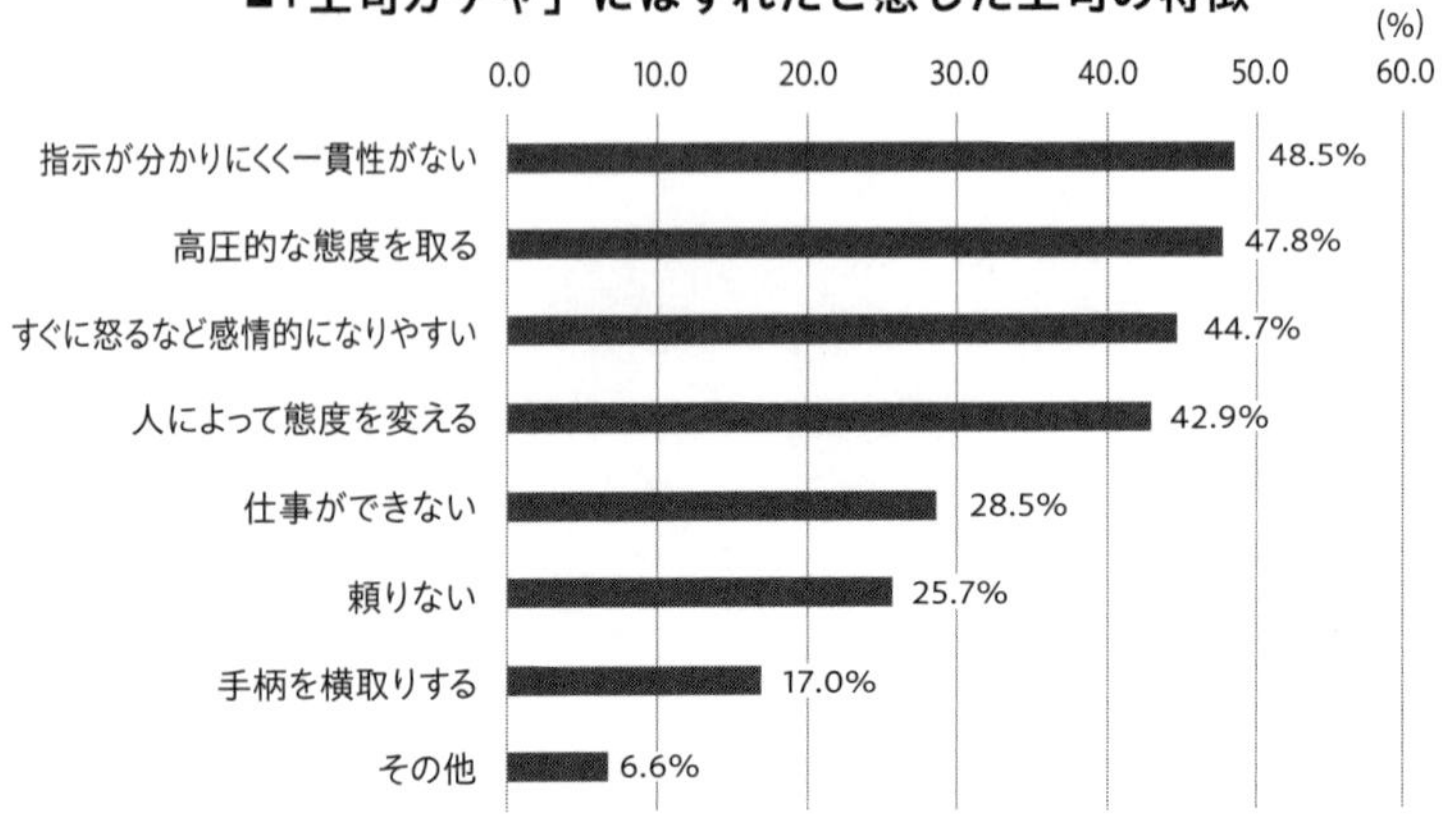

出所：株式会社アッテル「上司ガチャの実態調査」(2022年) をもとに作成

とのある人に、「『上司ガチャ』にはずれたと感じたとき、どのように行動したか」と尋ねたところ、一番多かった回答は「諦めて上司に合わせた」(46・2%)。**およそ半数が、自分のイライラやモヤモヤ、ガッカリ感を押し殺しながら、ハズレ上司に調子を合わせているわけだ。**次に多かった回答は「転職・独立した」(25・4%)。いずれにせよ、上司に何か働きかけるのではなく、自分のほうで対処する人が多いことがわかる。

ほかにも、「上司との相性が仕事のパフォーマンスに影響したことはあるか」とも質問しているが、最も多かった回答は「かなりある」で50・9%。続いて「ややある」が41・8%と、「かなりある」と「ややある」を合わせて9割以上の人が「上司との相性が仕事のパフォーマンスに影響する」と感じていることがわかる。「あまりない」は5・1%、「ほぼない」は1・3%、「わからない」は0・9%と、**上司との相性に関係なく働ける人は、ごく少数派**なのだ。

おそらく多くの人がこれまでの経験から感じているように、**上司との相性は仕事の成果に大きく影響する**、といえる。

■「上司ガチャ」にはずれたと感じたとき、どのように行動しましたか？

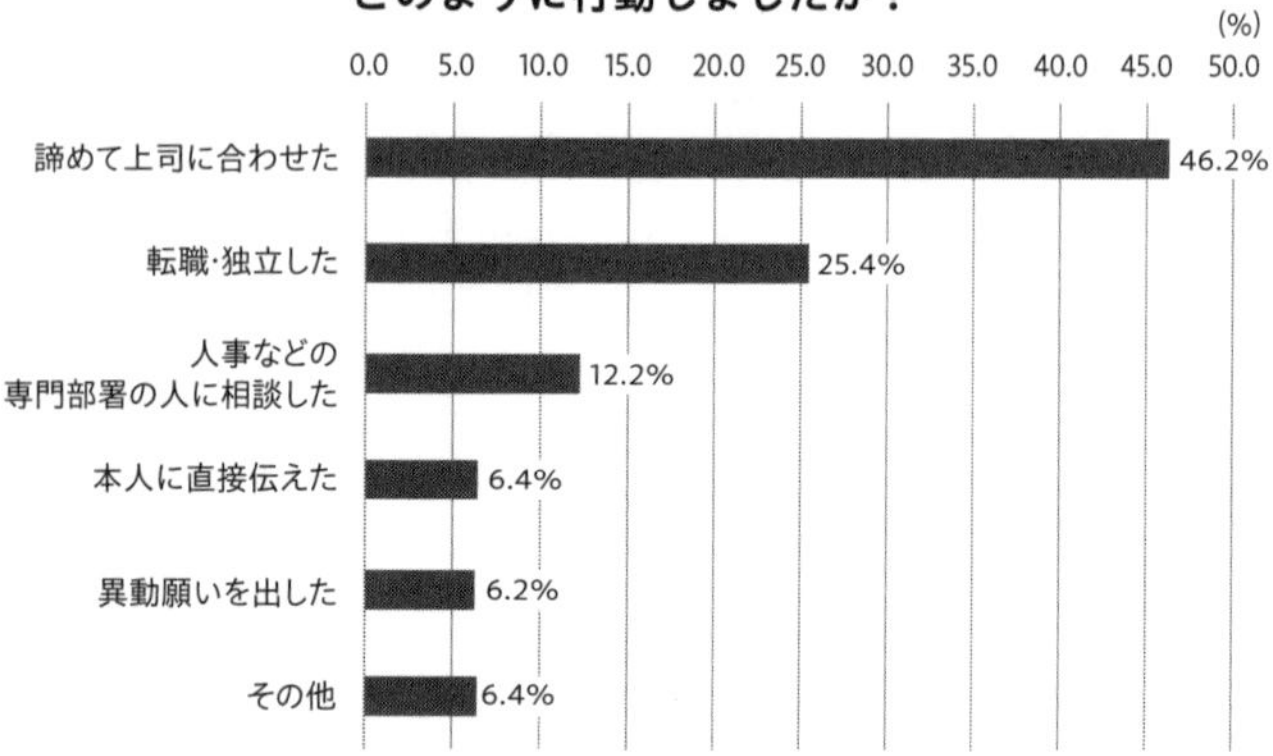

■上司との相性が仕事のパフォーマンスに影響したことはありますか？

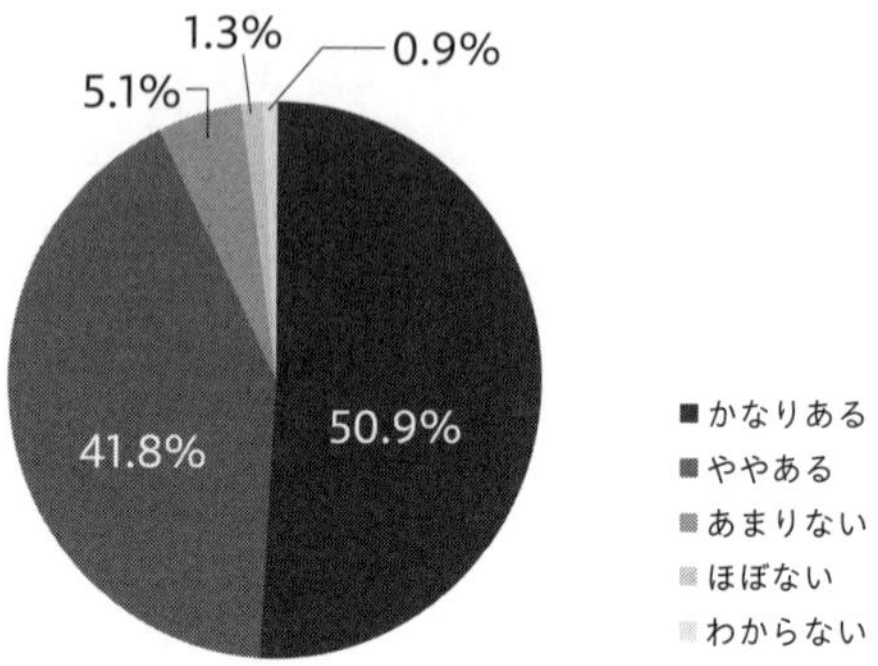

出所：株式会社アッテル「上司ガチャの実態調査」(2022年) をもとに作成

「上司は部下を理解してくれるもの」は、幻想。

「上司と相性が悪くてうまくいかない」

「上司が無能すぎる、もっと優秀な人のもとで仕事がしたい」

「上司が自分のことをわかってくれない」

――これらは私が新入社員の頃、実際に感じていたことだ。私は自分の実力に自信を持つスーパーポジティブなタイプだったが、前項で述べたように、人によっては、「上司と合わなくてつらい」ことが原因で自信をなくしたり、退職を考えたりしている人もいるだろう。


特に若いときは、上司の存在はとても大きい。上司のちょっとした言動により、気持ちや成果は大きく左右されてしまう。上司ガチャでハズレを引いたと感じている人の多くは、「上司なのだから、部下である自分の強みを深く理解して、適切に引き出してほしい」と思っているのだろう。だからこそ、「どうして自分のことをわかってくれないのか」などとモヤモヤしているのではないだろうか。

正直なところ、私もかつては同じように考えていた。けれど、いま振り返ってわかることがある。

それは、「自分の強みを理解して活かしてほしい」と上司に期待しているのであれば、それは決して叶わない、ということだ。

身もフタもないことを言うが、たいていの上司は、部下の強みを深く理解し、適切に引き出せる力なんて持っていない。そもそも上司は忙しく、一人ひとりの部下に目を向ける余裕もない。

だからこそ必要となるのは、「自分のことを理解させる努力」ではなく、「上司の強みを自分から理解して、そこに自分を合わせにいく努力」だと、いまの私は考えている。つまりは、部下のほうが上司をリードするわけだ。

「自分のことをわかってもらう」よりも、このほうがずっと効率的かつ生産的であり、結果としてははるかにたやすく能力を開花させることができるのではないだろうか？

ひと口に上司と言っても、いろいろなタイプの人がいる。もしも「上司と相性が悪い」「上司と合わない」と考えているのであれば、まずは自分の上司がどんなタイプでどんな人間なのか、その上司を冷静に観察してみることをおすすめしたい。上司の強みと弱みを深く理解すれば、上司の強みの活かし方がわかるし、部下として弱みを補完してあげることもできる。

「自分の強みを理解してくれ」「自分を活かしてくれ」という受け身の姿勢は捨てて、積極的に上司を利用するという姿勢にシフトチェンジするのだ。

そもそも、黙っていても自分の強みを理解して活かしてくれる上司なんてまずいない。上司は、上司としての自分自身の評価につながることしかしないものだからだ。

だから部下としてはまず、上司に貢献するという姿勢が必要だ。「私の強みを理解して、活かしてほしい」ではなくて、「上司に貢献したい」と考えて行動できるようになってほしい。

こう言うと「どうして部下である自分が、そこまでしなければいけないのか」という声も出るかもしれない。

だが、これも残酷な事実だが、**よっぽど優秀な上司でない限り、そこまで上司に期待するだけムダ**なのだ。

上司との関係性を恋愛にたとえてみると。

上司と部下の関係というのは、恋愛にたとえるとわかりやすい。自分と100パーセント相性がいいパートナーなんて、この世には存在しないことは、みなさんも薄々感じているだろう。たとえ大好きな相手と付き合い始めても、意外に部屋が汚い、余計なひと言が多い、時間にルーズでいつも遅刻する。などなど、「これまで見えなかったこと」が見えてきて、「あれっ?」と戸惑うことがあることと思う。

けれど、本気で好きな相手なら、だからといってあきらめることはないはずだ。その都度、相手としっかり話し合ったり「合わせる努力」をしたりする。そしてその繰り返しによって、相手との関係性がより強固になっていく。

これは上司と部下の関係性でもまったく同じで、**100パーセントぴったり**

合う上司なんて存在しない。それを理解したうえで、自分から歩み寄る努力をしなければならないのだ。

上司は「大好きな相手」ではないかもしれないが、「好きになる努力」、言ってみれば「相手を理解する努力」は必要だと思う。「この上司、なんか嫌だな」と思っても、そこであきらめないでほしい。

まずは、上司と積極的に話したり観察したりして、できる限り情報を集める。相手の強みと弱みを把握して、その強みを活かし弱みを補完する方法を考える。自分と相手にとって、どのような状態が快適なのかを模索する。これをやってみれば、上司との関係性は少なからず変わるはずだ。

繰り返すが、上司というのは「自分をわかってくれる万能な存在」ではなく、自分と同じ、単なるひとりの人間にすぎない。人間だから、不完全であって当たり前である。それを認識すれば、人間関係の基本に立ち返って相手を理解する努力が必要であると、自然に思えるのではないだろうか？

もちろん、理想をいえば、やっぱり上司のほうから歩み寄ってきてほしい。けれど、現実問題としてそんな上司はまずいない。ならば自分から行動すればいいし、それしかない。

他人を変えることはできないが、自分を変えることはできる。「こうなってほしい」という未来を待ち受けているだけではなく、自分のほうから行動する＝上司に歩み寄れば、確実に現状は変わるのだ。

学生時代にいわゆる「上司ガチャ」経験を積んだ話。

ここで、あらためて私のことについて話したいと思う。

いきなり暗い話になってしまうが、私は大学受験に失敗した。キラキラした大学生活を夢見て首都圏の有名大学をたくさん受けたものの、ギリギリ合格したのは第8志望の大学だけ。不本意ながらその大学に入学したが、早々に「大学受験でうまくいかなかったんだから、就職では必ず成功してやる！」と決意する。

だから私は、クラスの仲間と遊んだりサークル活動を楽しんだりというキラキラしたキャンパスライフを送るのはやめた。「なんとか有名企業に入社したい」という思いから、あらゆるアルバイトを体験してみることにした。居酒屋にガソリンスタンド、出版社と、経験したアルバイトは実に22種類にのぼる。

結果、このアルバイト経験によって、私は自分の適性を知ることができた。愛想がいいタイプではないから、居酒屋のホールは向いていない。すぐに疲れてしまうからガソリンスタンドなどの体力が問われる職種も無理。細かい作業に耐えられないから出版社のアシスタントもうまくやれない……。唯一「これなら向いているかも」と思えたのが、家電量販店の営業スタッフだった。メーカーの応援販売員という立場で、有名メーカーのジャンパーを身につけ、大手家電量販店の店頭に立ち、お客さまに商品説明や提案をする仕事だ。

この仕事はさほど苦でなく、アルバイトにしては一定の成果を上げることもできた。この経験で「自分は営業の道に進むといいかもしれない」という結論に至った。

こうして私の大学生活はアルバイトばかりで、授業にはほとんど出ないし、サークルにも所属していなかったから、友だちはあまりいなかった。第一、当時の私はプライドが高く、第8志望だった大学のことを心の底からバカにしていた。数少ない友だちにさえ、「おまえ、俺のことバカにしてるでしょ?」と見透かされていたほどだ。「そんなわけないじゃん」と笑って否定したが、信じてはもらえなかった。正直、当時の私はすごく嫌な奴だった。人望がないことは自分でもわかっていた。

そんな調子だったから、アルバイトもすぐに辞めてしまうことが多かった。主な理由は人間関係だ。店長と仲良くなれずにすぐ辞める、というのが定番のパターンで、「この店長、つまんない奴だな」と思い、たった2日で辞めてしまったこともある。

いま思うと、その店長が悪かったわけではなく、問題は私自身にあった。俗に言う、若気の至りである。それに、初めて勤めた店舗の店長が優しくてかっこいい大人だったから、無意識のうちに彼のようなすごい大人と比べてしまっていたところもある。

私はこうしてアルバイトでさまざまな上司に出会ったのだが、私自身が上司という立場になったことも2回ほどある。けれど、繰り返すが私はプライドが高い嫌な奴で、「生産性が一番高いのは自分だ」と信じているタイプだったから、周囲からは嫌われていた。私は、仕事ができない人間にはとことん厳しかった。相手の話を丁寧に聞いたり、寄り添ったりすることができなかったのだ。

私は当時、自分より仕事ができる人間とだけ仲良くしたいと思っていた。「自分以下の人」と付き合うなんて時間のムダ。「全体としての生産性をいかに上げるか」という考え方はできず、「自分が、いかにすごい人から吸収するか」「いかに自分の経験値を上げるか」という思考でしか物事を考えていなかった。店というチーム、あるいは組織を成長させることよりも、自分だけが成長すればいいと思っていた。上司になったときもその考えは変わらず、最低の上司で、部下たちは「上司ガチャにハズレた」と絶望していたことだろう。

できることなら、当時の自分にこう言ってやりたい。「そんなに成長したいなら、より大きな成果を出したいなら、人をうまく動かすことを覚えろ」と。

私は「個人戦」でしか物事を考えていなかったが、大きな成果を上げようとすれば「団体戦」を避けて通ることはできない。個人の力には限界があるが、人をうまく動かせれば、自分の力を超えてもっと大きなことができる。私は社会人になってしばらくしてからそのことに気づいたが、このことをもっと早く理解していれば、もっと楽しくバイトで働けただろうし、成長速度が速まっていただろう。

こうして振り返ると、「個人戦」というテンションのままGMOインターネットに入社したのが、大きな誤りだったのかもしれない。

社会人デビューを目論んでGMOインターネットに入ったけれど。

私は就職活動を始めた頃、大手企業ばかりを受けていた。親への恩返しになるだろうと思っていたし、自分の力を試したいという気持ちもあったからだ。そしてその結果、軒並み落ちていた。

けれどあるときから、大手企業を受けるのはやめて、ベンチャー企業に舵を切った。そのきっかけは3つあり、まず、「親の気持ちよりも自分の気持ちを優先させよう」と考えたこと。次に、会社を経営している知人から「ベンチャー企業が合うと思うよ」とアドバイスしてもらったこと。そして最後に、GMOインターネットグループの代表、熊谷正寿氏の著書『一冊の手帳で夢は必ずかなう』を読んで感銘を受けたことだ。

ベンチャー企業を受け始めると、いわゆる〝内定無双〟状態となった。自分を取り繕うのはやめ、「ありのままの自分を評価してほしい」と思えるようになり、面接で緊張しなくなったのが勝因だろう。また、面接を受けるときのマインドセットも「自分を見てもらおう」から「自分を売り込もう」に変わった。「新卒で必ずナンバーワンをとります」などと大見得を切ったこともウケたようだった。

いくつか内定をいただいた中から選んだのは、GMOインターネット（現：GMOインターネットグループ）だ。上場企業であるにもかかわらず、ベンチャースピリッツがあるところや、55カ年計画があるなど、戦略的に物事を進めているところに心惹かれた。代表の熊谷さんがかっこよくて、「熊谷さんのもとで働きたい」「こんな大人になりたい」と思ったことも大きな理由だ。

「はじめに」でも書いたが、私は入社初日の自己紹介で「ナンバーワンの営業になります！」と宣言した。大学デビューに失敗して社会人デビューを目論んでいた必死さゆえの宣言だが、ちょっとイタイ奴かもしれない。結果、1カ月目につくれた売上はたった60万円。周囲は150万円ほどの売上をつくっている。私は自分の無能さを呪った。

状況が変わったのは、入社して4カ月ほど経った頃だ。バイト時代にも感じていたことだが、営業の仕事は私に向いていたようで、700万円ほどの売上がつくれるようになった。

だが、ここから私の迷走が始まった。営業成績がとれるようになると、それを鼻にかけ、あっという間に調子に乗ったのだ。周囲を「自分より仕事ができない奴」と見下し、当たり前だが嫌われ者となった。週に2日ほどしか出社しない、上司には歯向かう、社内のルールを破る。完全な社会不適合者である。こんな生意気な新人でも会社にいさせてもらえたのは、GMOインターネットの懐の深さゆえであろう。

ただし、営業成績は良かったので周囲は私に対してさほど強く言えず、私はどんどん尖りに尖っていった。結果は出しているのに嫌われている、まわりが自分のすごさを認めてくれないということが不満だったが、周囲への気遣いや感謝というものはまったく持ち合わせておらず、「実力のある俺を崇めろよ」くらいのテンションで過ごしていた。いま思えば恥ずかしい。

そして私は、みるみるうちに孤立していった。会社全体から必要とされていないようにも感じて、正直、地獄だった。「もう辞めてしまおうか」と悩んだりもしたが、やはり営業成績は順調で、なんと1年もかからずにナンバーワンになってしまった。

なぜ、こんな私が新卒同期の中でナンバーワンになれたのか？　それはある先輩のおかげだ。

私はもともと営業としての素質はあったのだが、売り方を教えてくれる人がおらず、思うような成果を出せていなかった。

そんなとき、当時の営業部売上ナンバーワンだった先輩が、営業としての「売り方」を教えてくれたのだ。彼の営業スタイルを徹底的に真似したり、彼から直接教えてもらったりしたおかげで、どんどん伸びていった。

この先輩は、私の性質を見極め、悪いところはきちんと叱ってくれる、本当に理想的な人間であった。私のことを「尖った感じが痛々しくておもしろい」「まわりを見下している感じがハッキリ言って恥ずかしい」などと、私以外の全員が内心思っていることをみんなの前で代弁しては、その場を笑わせた。プライドの高い私も、彼のイジリは素直に受け入れることができたのだから不思議だ。

かわいげがある「愛されキャラ」だったため、上司からも後輩からも愛されていて、飲み会では彼がその場にいるだけで盛り上がり、明るい雰囲気になる。周囲から見ると、愛され者の彼と嫌われ者の私が一緒にいる様子は奇妙だったと思うが、私は「自分よりも実力のある人」が好きだったので、当時この先輩にまとわりつき、心底尊敬していた。

この先輩がいてくれなかったら、私はもっとやばい奴になっていたと思う。しかしながら彼は別チームへの異動が決まり、私との距離は徐々に遠くなってしまった。

「社会不適合者」を「社会人」にしてくれた「最強上司」。

当時の私は社会人としてのマナーやモラルが皆無であり、結果だけは出している状態だった。遅刻も寝坊も当たり前で、週に1度は欠勤。完全に天狗になっていて、「結果を出しているんだからこれくらい許される」、むしろ「もっと好待遇にしろよ」とさえ思っていた。まさに「問題児」である。

上司だったみなさんには迷惑をかけてばかりだった。その結果として、13カ月の間に5回の配置換えがあり、「6人もの上司との出会いと別れ」を経験したのだ。いま思い返すと本当に恥ずかしいし、上司として一生懸命指導してくださったみなさんに申し訳なく思っている。

ここからは私の「上司ガチャ」経験談に突入する。入社後の最初の上司はマネジャーで、その下には私を含めて8人の新卒社員が配属されていた。

やがてこのひとり目の上司が退職することになり、配置換えされることになった。このとき、私以外の7人の新卒社員は別部署に配属され、次第にチームメンバーは減っていった。気がつけば、残っているのは私ひとりだけだった。

当時の私は「尊敬できない人の話は聞かない」というスタンスだったので、ほぼ、誰の話も聞いていなかった。部長、常務などの役員クラスの人間に叱られても「自分のほうが成績がいいんだから」「自分より売ることができない人間の話は聞かない」と考えていたのだ。結果として全員から見放され、ワンオペで商材新規営業から契約更新作業、クレーム対応までを担当する羽目となっていた。自業自得である。

再三注意され、そのたびに心の中で「うるせえ、放っておいてくれ」と言い返す。にもかかわらず、元来寂しがりやの私は、「ひとりでいるのはさみしいな」という気持ちも持ち合わせていた。そんな矛盾した感情を抱いたまま日々は過ぎていった。

私はしばらく「チームひとり」でやっていたが、会社として「やっぱりこいつには指導役が必要だ」という判断になったからだろうか、3人目の上司のもとに配属された。この3人目の上司は別の会社との兼任で、週に1回程度オフィスに来ては、1on1を実施するといったマネジメント形式だった。ぜいたくな教育環境だが、私は彼にも噛みつき、「週に1回しか来なくて現場のことなんてわかっていないくせに、うるさいことを言うな」と言ってしまった。その結果、当たり前だが、こっぴどく叱られた。

なぜ、私がこのような暴挙に出たのか。それはアルバイト時代に出会った「理想の上司」のような、面倒見が良く、強みや個性を活かしてくれて、人として尊敬できる上司を求めていたからだ。そうした上司のもとで働きたい、そしてたくさんのスキルを吸収し、もっと成長したいという貪欲な気持ちゆえに「現実の上司」にギャップを感じ、常にもどかしい気持ちがあったのだ。

続く4人目の上司とも、案の定まったくうまくいかなかった。「この人とは気が合わない」と感じた私は、この4人目上司の言うことをすべて無視することにした。しかし、この方はとても大人で、「藤崎くん、私と営業で勝負しよう。私が勝ったら言うことを聞けよ」と提案してくれた。やり方自体は私の好みであったが、なんと私は彼に勝利してしまい、4人目の上司は私に物申すことができなくなった。

さらにその次、5人目の上司はとてもいい人だった。「藤崎さんの営業力はすごい。私は藤崎さんほどの成績を残すことができないから、サポートに回るよ」と言い、私の困りごとをサポートし、解決してくれた。この上司は私を扱うのが非常にうまく、私の要望に真正面から向き合ってくれた、最初の上司であった。上司ながらパートナーのような立ち位置を取り、私の強みを認めてくれた。いまでも仲良くさせていただいていて、彼のことをとても尊敬している。

だが、そんな5人目の上司も部署異動となり、私は再びひとりになってしまった。再び退職を意識したのはこのときだった。

そんな私を、上層部の人間が引き留めてくれた。だがひねくれ者の私には「新入社員を1年以内に辞めさせるのはまずいから引き留めておこう」と思っているようにしか見えず、素直に耳を貸すことができなかった。

ただ、その中でただひとり、違ったアプローチをしてくれた人間がいた。それが6人目の上司となる「最強上司」である。ここからは、彼を「最強上司」と呼び、話を進めたい。

この最強上司は、私に「きみは営業としては成果を出しているが、まだ社会人としての基礎ができていない。うちのチームに来たら、一流の社会人にしてあげよう」と言ってくれた。この口説き文句に射貫かれ、私は退職をとどまったのだ。

私は5回の配置換えの間、常に孤独で尖ってはいたものの、心の奥底には「最高の上司に出会いたい」「この人は運命の上司ではない」という思いがあった。「最高の上司のもとで、もっと成長したい」という強い気持ちがあった。振り返ると、「個人戦」のテンションで入社した私だったが、ひとりで成長することの限界を薄々感じていたし、チームで仕事をすることへの憧れもあったのだ。

「自分を買ってもらう」という営業スタイルの確立。

私自身は最強上司に出会うまで社会不適合者で、社会人としては半端だった。けれど、営業成績は常に良かった。ただし、「自分なりの営業スタイルを確立できた」という確信が持てたのは27歳のときだ。

私はもともと、「型にはまる」という考え方を持ち合わせていない。それよりも「他の人がやらないこと」をやりたい。営業スタイルで言えば、営業時には一般的なヒアリング事項のみならず、相手の誕生日や血液型、家族構成、好きな芸能人、好きなアニメや漫画など、個人情報とも思えることをすべて聞いてメモしておく。気持ち悪いと思われるかもしれないが、ここまで相手のことを把握すれば、その人に合わせたトークや提案ができるからだ。

この営業スタイルの根本には、「商材ではなく、自分を買ってもらう」という考え方がある。自分がどんな人物で、どんな目標や夢を持っていて……というパーソナルな部分を相手に伝えて、その信念に賛同してくれるファン（＝お客さま）を集めるイメージだ。そして、自分を買ってもらう＝自分の価値を理解してもらい、相手に求められるためには、何よりも相手の好みを知ることが不可欠なのである。

実際、私の営業トークを聞いたお客さまからは「政治家の演説みたいだ」と言われることがある。人の心を揺さぶり、相手の魂に釘を打ち込むような、インパクトのあるトークを心がけているから、そう言っていただけると素直にうれしい。

特に営業職の方に伝えたいのは、「ものの言い方ひとつで、印象が１８０度変わる」ということだ。

言葉遣い、イントネーション、間の取り方。相手に与える印象は、こうした要素の組み合わせで形成されている。細部にまで気を配り、相手への印象を良いものにする。

特に電話営業では、雰囲気づくりは非常に重要だ。私の場合は、アイスブレイクをとても大切にしている。当時は、「5分以内に相手をクスリとも笑わせることができなかったら、その人から契約をいただくことはあきらめる」とまで決めていた。

「ちょっとやりすぎでは？」と思うかもしれないが、相手の立場に立ってみてほしい。忙しいときに突然、ほしくもない商品やサービスの営業電話がかかってくるのだから、ガチャ切りされても仕方ない。それなのに相手は、貴重な時間を割いて電話に出てくれている。そんなときに、相手が少しでも笑ってくれるような、ユニークで楽しい営業トークができたらどうだろうか？　何かひとつでも、有益な情報を与えることができたら？——そうすれば、きっと相手にとって、**その時間は「ムダなもの」ではなく「少し心地いいもの」に変わるはずだ。**

私は、営業を一種のショータイムだと思っている。日本ではまだまだ、ビジネスの場でジョークを言うのは良くないという雰囲気があるかもしれないが、私はユーモアを大切にしたい。最終的には、相手から契約をいただいて結果を出して笑顔になってもらうのがゴールではある。でもその前段階として、映画の予告編のようなスタンスで、相手をワクワクさせる時間をつくりたい。相手の期待値を上げて、気持ち良く投資してもらいたい。

営業は人のため、お客さまのために尽くす仕事だ。これくらい「お客さまに貢献する」という気持ちがなければ、うまくはいかないだろうと思う。

目の前の相手に何ができるだろうか？

相手を笑顔にするために、どんなことをすべきだろうか？

ここに向き合えば、結果はおのずとついてくるはずだ。

ウケるキャラクターを見つけ、演じる。

営業という仕事の話をもう少し続けよう。営業で成果を上げたいなら、キャラクターづくりも重要だ。一般的に受け入れられるキャラクターというのはある程度、形が決まっている。これはアイドルにたとえるとわかりやすいかもしれない。令和のいまでこそ、個性的なアイドルが支持されるようになったが、昭和の人気アイドルは特に王道キャラクターが多いと言える。

10人中10人に愛されるのは難しくても、10人中8人から気に入られるキャラクターには、ある共通点がある。売れる営業になりたいなら、どんなキャラクターが好まれるのか、マーケティング目線で考えてみること。相手はどんなキャラクターが好みかを突き止めて、お客さまのために、そのキャラクターを演じること。相手のデータ収集は、そのための行動でもある。

私自身、いろいろなキャラクターを試してみた。その中で一番ウケがいいのは、明るく元気で、自社よりも相手の味方になる、というキャラクターだった。具体的に言えば、まず「うちの会社なんて、損したっていいんですよ」と言い、相手の懐に入って安心させる。

相手の会社のビジネスモデルをよく理解したうえで、「地域ナンバーワンを目指しましょう！」などと発破をかける。相手との距離を縮めて、右腕のような存在になる。そしてどんどん相手のためになる提案をして「少し値引きをしますから、やりましょうよ！　結果が出たら、次は倍の金額でお願いしますね」なんて、笑わせることもできる――。こんなキャラクターだ。

ＧＭＯインターネットグループの「スピリットベンチャー宣言」の中には、次のような言葉があった。

数字は人気度（＝「笑顔」の数）です。ファンを作ること。

まさにそのとおりで、お客さまをたくさん抱える人は、たくさんの人を笑顔にしてきた人だ。相手に好まれるキャラクターを演じ、一生懸命に結果を出して、お客さまをハッピーにする。これが営業の神髄で、これさえできれば、自動的にファンは増えていくだろう。そしてこの戦略は、お客さまだけでなく、同期や先輩、上司に対しても活用できるものなのだ。

振り返ると、ＧＭＯインターネットという会社は、私の営業スタイルやビジネスにおける考え方の根幹をつくってくれたのだと、つくづく思う。

良き上司と出会えば、自分の強みはいくらでも伸びる。

上司の話に戻そう。6人目として出会った最強上司は、私にとってまさに運命の上司だった。5度もの配置替え、要は「厄介者」だった私がナンバーワンになり、やがて社長になるというストーリーに、この最強上司の存在は不可欠だ。

この経験から断言できるのは、**「いい上司にさえ出会えれば、簡単かつスピーディーに成長できる」**ということだ。

会社を辞めようとしていた私を、この最強上司は拾ってくれた。私はこの上司率いる営業チームに配属されたことにより、「問題児」「厄介者」から少しずつ変わっていった。

配属当時、チーム内での営業成績は2位だった。当時1位だった同じチームの先輩は、私の目から見ると最強上司に贔屓《ひいき》されているように見えた。「ここにアプローチするといい」と有望なリストを渡されたり、商談のサポートに入ってもらったり……。私が首位になりかけたタイミングもあったが、そのたびに最強上司が絶妙なアシストをして、この先輩を1位にする。私はそれを見て「卑怯だ」「ズルい」「あんなにサポートされたら、1位になれて当然だろう」と悔しかった。

けれどいま振り返ると、当時の私は、まだ1位になるような器じゃなかったのだと思う。

あるとき、何かのきっかけで、私はこの1位の先輩とケンカをして腹を割って話したことがある。先輩に「あなたのことが好きじゃないです」と伝えたら、「いいじゃん、もっとぶつかってきてほしい」と言ってくれたのだ。その回答から、彼が私に向き合ってくれたように感じて、心を開くことができた。そして、先輩が「個人戦ではなくて、チーム全体を盛り上げていきたい」と言ったのを聞いて、相手のかっこよさに気づき、彼に対する見方が変わっていった。

話をする中で、それまで見えなかった先輩の一面、こんなことを考えていたのか、ということがわかり、大きく影響を受けた。それまで自分の数字のことしか考えていなかったのに、**「このチームが全社で1位をキープし続けるには？」**というふうに考えられるようになったのだ。当時、最強上司が率いるチームは全社1位だった。つまりこのチームの1位である先輩は、全社のトップセールス。私はケンカをして以来、「この先輩と私が1位と2位、他のメンバーが3位を取って、全社のベスト3を独占したい」と思うようになった。「最強の上司に認めてもらえた」と感じたのは、ちょうどこの頃だ。最強上司は、私にも有望なリストを渡してくれたり、商談のサポートに入ったりしてくれるようになった。最強上司は突出したマネジメント力を持っていたから、私の変化を敏感に捉えていたのだろう。

私のマインドが変化すると、周囲の目もガラリと変わった。メンバーから「藤﨑さん、今月は絶対に1位を取ってくださいよ」「応援しています！」「このリスト、よかったら藤﨑さんがアプローチしてください」などと言われることが増え、最強上司からも「今月は、おまえが絶対トップを取れよ」と声をかけられるようになった。自分よりチームを優先できるようになったことで、まわりが助けてくれるようになったというわけだ。正直、とてもうれしかったし、「仲間っていいな」と思えた経験だ。

こうして私の性格と営業哲学は大きく変わり、仕事へのスタンス自体も変化していった。それに伴い、成果もぐんと上がるようになった。たとえば、それまでは上司から「営業成績が上がらない同僚のために、商談のロールプレイングをやってくれないか」と言われても、絶対に断っていた。自分の得にならないからだ。けれど、最強上司から「おまえが一番ロープレがうまいから、やってくれないか。おまえじゃないとできないんだよ」「おまえのトーク力はすごいから、ちょっと他の奴にも教えてやってくれ」と言われると、「そこまで言うなら喜んで」と素直に思えて、いくらでも協力した。

最強上司に出会ったことで、「理想の上司に出会いたい」「尊敬する上司のもとで成長したい」という考えしか持たなかった私が、**「少しでも相手の役に立ちたい」**という気持ちを抱くようになった。さらに言うのであれば、**「チームのみんなの力になりたい」**と思いはじめたのだ。

私自身も、自分が変わってきている、どんどん成長しているという実感があった。**「自分ひとりでは成長に限界がある」「団体戦だからこそ、大きな成果が出せる」**と考えられるようになったのも、この頃だったと思う。

当時、私とナンバーワンを競っていた先輩からも、たくさん学ばせていただいた。実は、チームに加入した当初はこの先輩のことを「コバンザメのような奴だな」と思っていた。「こんなコバンザメより、私のほうが絶対に営業のセンスは上だ」という自負もあり、対抗心を燃やしていた。

だが、後にケンカをしてからは、彼ならではのスキルや人間力に気がついた。私は新規開拓が得意な一方で、彼は既存顧客への提案がうまい。お客さまといかに関係を構築し、気持ち良く契約を続けていただくかは、この先輩から学んだことのひとつだ。

それまでは、「自分にメリットがある人としか付き合いたくない」と考えていた私は、この先輩との出会いによって、自分にないものを持つ人と付き合うことの重要さを知った。この経験は、現在の会社経営にも活きている。

上司ガチャの「当たり」「ハズレ」を決めるのは自分自身。

ここまでの話をひっくり返すようだが、結論を言えば、上司ガチャの当たりハズレを決めるのは自分自身だと、いまの私は考えている。

前に述べたとおり、そもそも他人と100パーセント理解し合うことなど不可能であり、自分の思い通りに動いてくれる人なんてまずいない。まずはそこを理解しなければならない。相手に期待しすぎるのは「悪」なのだ。

そして人間は、生い立ちや立場、役職などにより考え方や行動が異なる。これを身近な例で説明してみよう。

私は、「あなたはまたお酒ばかり飲んで……」と妻に叱られることがある。酒をあまり飲まない妻には、私の気持ちがわからないのだろう。その一方で、友人の経営者から教えてもらったのだが、妻がスーパーに行くだけでメイクに

1時間もかけたり、デパートの化粧品売り場で3時間もショッピングしたりするという。私はそういうことが理解できないし、「すっぴんでいいじゃないか」「マスクをしたら見えないよ」「どうして同じような化粧品を3時間も見ていられるの?」と思うが、そんなことを口にすれば、どんな仕打ちを受けるのかは目に見えている。

しかし、私にとっての酒は、この奥さんにとっての化粧品なのではないだろうか?――そう考えたとたん、この女性がメイクに時間をかける気持ちがわかったような気がした。

長くなったが、つまり、人それぞれ「大切なもの」は違う。**自分とは違う「相手のこと」を認め、許容する。**これは人間関係の基本だけれど、**なぜか上司に関しては、多くの人が「上司は自分のことを理解してくれる存在であるべきだ」というフィルターをかけて見ているのではないだろうか。**だから、「自分のことをわかってくれていない=上司ガチャにハズレた」と感じてしまうのだと思う。

繰り返すが、相手が自分のことを100パーセント理解してくれる、ということはほぼあり得ない。いい意味で、相手に期待しないことが大事なのだ。それを認識すれば、「相手も自分に対して同じような不満を抱いているかもしれない」ということにも気づけるかもしれない。

2：6：2の「6」の人こそ成長できる。

みなさんは「2：6：2：の法則」を知っているだろうか？　これはパレートの法則から派生したとされるもので、組織などの集団においては、優秀な人が2割、中くらいの人が6割、下位の人が2割に分かれるという考え方である。実際に、どんな会社でもだいたい同じような構成だと思う。2割は意識が高くてもともと超優秀で、放っておいても勝手に成果を出せる人。6割は何者でもない、普通の人。そして残りの2割は、文句ばかり言って成果を出せない人だ。いわば、最初の2は既に咲いている花、6は花の種、残りの2はいくら水をあげても芽の出ない石ころである。

本書を手に取ってくれている人の多くは、おそらく「6」に属する人ではないかと想像している。当時の私も「6」だった。数値的な結果だけ見れば一番上の「2」だが、社会人としての振る舞いは最後の「2」だったため、全体的に見ると「6」だったのだ。「自分はもっとできるはずだ」と思いながらも、上司ガチャにハズレた不運を嘆いてばかりで、優秀な人たちに追いつけず悔しい思いをしていた。

いま言えることは、**この6割の人こそ、大きな可能性を秘めているのではないか**、ということだ。

たとえば、大多数の人は、土日も出社して仕事をするなんて絶対に嫌だろうと思う。けれど、私は土日に少しだけ出社して成果が1・5倍になるなら、絶対に出社したいタイプだった。この私なりのやり方を当時の上司が認めてくれたことで成果を上げることができたわけだが、おそらく**6割の人たちがぱっとしないのは、自分の強みや弱み、自分に合ったやり方がまだ見つかっていないから**ではないだろうか。

生産性の上がる方法を見つけたり、適切なマネジメントを受けたりすることで、いくらでも成長することができる。だから、もしも自分が「6割」だと考えているのなら、上司ガチャにハズレたと嘆く前に、まずは自分自身と向き合ってみてほしい。小さなきっかけで、成果を上げられるようになるはずだ。

そのためには、まず徹底的に自己分析すること。この方法は第2章で解説する。そのうえで上司のデータを集め、自分と上司それぞれの強みや弱みを把握すれば、自分なりのスタイルや伸び方が見つかるように思う。

「人付き合いをコントロールする」という感覚。

私は「人付き合いをコントロールすること」＝「人生をコントロールすること」であると考えている。

友だちや結婚相手なら、自分次第である程度は選ぶことができる。けれど上司や同僚の場合、選択権はない。もちろん、家族も選べるものではないが、家族なら自分と何かしら似たところや一緒に過ごしてきた時間があるので、気が合わなくても少しは寄り添える可能性がある。

一方、仕事上の人間関係は違う。大人になり、いきなり組織に放り込まれ、縁もゆかりもない人間とうまくやっていかなくてはならない。これは相当難しいことで、決して自分の思うようにならないし、イライラしたりモヤモヤしたりすることもあるだろう。

しかし、特にビジネスにおいては、「人付き合いをコントロールする」という感覚が不可欠で、**仕事上の人間関係の中に「心から尊敬できる人」をつくることができれば、それだけで最強になれる**のだ。そのための具体的な方法については、第2章で解説していこうと思う。

「上司だから」という思い込みを捨てよ。

私は、会社のルールや一般的な常識にあまり縛られない、むしろそれらを壊すタイプだった。自分が中心だと考えて、自分のやりやすいように、快適になるように動いてきた。

くどいようだが、こういう奴は会社などの組織においてはかなり厄介な存在である。けれど、別に私に悪気があったわけではなく、「組織に搾取されないようにしたい」と思えば思うほど、自然とそうなっただけだった。組織の中で何かを我慢しすぎたり、自分の気持ちを押し殺して誰かに合わせたりするのが嫌だった。自分が主体になりたい、むしろ搾取する側に回りたい、という気持ちがあった。

おそらく、多くの組織において「自分が中心」の振る舞いを邪魔してくるのが、上司だと思う。たいていの人は上司の存在が枷《かせ》となり、自分らしく行動することをあきらめてしまう。そこで大切なのが、上司を敬いすぎないようにすることだ。

上司といっても同じ人間で、たかだか数年、社会人経験が多いだけの人である。年齢や相手の属性に惑わされてはならない。もちろん、相手をストレートに見つめた結果、その人がすばらしく尊敬できる人であればそれなりの扱いをすべきだと思う。これは年下や部下であっても同様で、敬うべき人（＝成長意欲のある人）は敬う、敬うべきでない人（＝現状維持だけを目指している、成長意欲のない人）は敬わない。シンプルな行動原則である。

いまは、「年上だから無条件に偉い」という時代ではない。ビジネスの世界で最も大切なのは、成果である。だからこそ、成果を出さないままただ単に年上というだけで偉そうにしたり、その立場にあぐらをかいたりしている人間の発言権は、徐々に減少していくだろう。

前述のとおり、本書のタイトルにある「上司ガチャ」とは、私の会社の新卒社員が使っていた言葉から拝借した。社長が新卒社員の使った言葉を本のタイトルに取り入れるということに違和感を覚える人もいるかもしれない。しかし、ビジネスは実力の世界だ。年下でも、経験が浅くても、その人の言動がすばらしいと思えば素直に取り入れる、私はその姿勢を大切にしたい。

会社は学校ではなく、ビジネススキルを高めて、結果を出していく場所だ。**「自分の上司だから」「年上だから」というだけの存在に自分の伸びしろを決められる必要はない。**

成果を上げることを目指した結果、それまでの会社のあり方を壊してもいい。少なくとも、私はそう考えている。

上司ガチャは、自分でレアリティを高められる。

ガチャには「レアリティ」という概念がある。簡単に言えば「レア度」のことだ。SSR（スペシャルスーパーレア）やSR（スーパーレア）などといったランクづけがあり、誰もがよりレアな景品を求めてガチャを回す。

上司ガチャにも、レアリティという概念は通用する。自分にフィットした「理想の上司」が「レアリティの高い上司」というわけだ。とにかく仕事ができる上司、優しい上司、自分の話を親身になって聞いてくれる上司……人によりその定義は異なるが、一般的には、仕事ができる上司も、優しい上司も、自分の話を親身になって聞いてくれる上司も、引き当てるのは難しい。だからこそ、そうした上司はSSR上司だといえる。

上司ガチャのレアリティは、自分で高めることができると私は思う。そのためには、まずは自己分析することが重要となる。

たとえば、みなさんは次の5つのうち、どれに共感するだろうか？

(1) ワークライフバランスを重視して、ほどほどの働き方をしたい
(2) 忙しくてもいいから、とにかく稼げる仕事をしたい
(3) ビジネススキルを高めて、どこでも通用する人材になりたい
(4) 営業力を磨き、カリスマ営業になりたい
(5) 仕事は可能な限り抑えて、人生を謳歌したい

どれを好むかで「理想の上司像」は大きく変わる。ざっくり言うと、次のようになるだろう。

(1) ワークライフバランスを重視して、ほどほどの働き方をしたい人
↓ワークライフバランスを重視している上司

（2）忙しくてもいいから、とにかく稼げる仕事をしたい人
↓厳しいノルマを課し、稼ぐための道を示してくれる上司
（3）ビジネススキルを高めて、どこでも通用する人材になりたい人
↓とにかく仕事ができて、部下の成長のために時間を割いてくれる上司
（4）営業力を磨き、カリスマ営業になりたい人
↓カリスマ営業として活躍している上司
（5）仕事は可能な限り抑えて、人生を謳歌したい人
↓ビジネスライクに「仕事仲間」として接してくれる上司

もちろん、すべての人がこの5タイプに分類されるわけではない。（2）（3）のハイブリッドという人もいるだろうし、この5タイプにまったく当てはまらない人もいると思う。

けれど、基本的な考え方は同じだ。「自分は何を理想としているのか」「その理想を叶えるためには、どのような上司が適しているのか」を考えてみてほしい。

自己分析をした後、「社内でどの人間が自分にとってのSSR上司なのか」と考えてみる。同期や同僚に「あの人ってどんな人？」と探りを入れてみるのもいい。これは先に述べた「上司のデータ収集」で、そうして自己分析→情報収集を徹底的に行うことで、ガチャで当たりを引ける可能性はおのずと上がる。

「上司ガチャにハズレた」という人は、そもそも自分の理想が見えていないことも多いだろう。だから、ハズレたと感じていても実は自分にぴったりの上司だった、ということも往々にしてある。私もたくさんの上司に出会い、「相性が合わない」と噛みつき、「ハズレだ」と思ってしまった経験もあるが、相手のことをちゃんと知ろうという意識があれば、違った関係性を築くことができただろう、といまは思う。

「自分が、上司に何を求めているか」を知ること。ひいては、自分が何を重視していて、何を成し遂げたいか、上司と出会ってどう成長したいのかを理解すること。こうして漠然と描いている「理想の上司」の具体性を突き詰めていけば、意外と、既に周囲に「理想の上司」がいた、ということもあるかもしれない。

仕事で成長するために、「上司ガチャ」に意味を与える。

私はGMOを退職した後、同じチームのトップだった先輩が設立した新会社で専務を務めることとなった。ケンカをした後に尊敬していった、あの先輩だ。「ぜひ来てほしい」と言ってくださったのだが、これもまた上司ガチャによって得た成果だと思う。

上司ガチャで最強上司を引き当てたことで、同じチームのメンバーとしてこの先輩に出会うことができた。最強上司のもとだからこそ、チームのために頑張ろうという気持ちになれて、成果を出すことができた。その結果、先輩は「一緒に働きたい」と思ってくださったのだろう。上司ガチャが、私の人生の転機になったのだ。

最強上司が「きみは営業としてまだ半端だから、本気でやるならうちのチームにくるといい」と言ってチームに引き入れようとしてくれた当時、私には「その誘いを断って、GMOを退職する」という選択肢もあった。その道を選んでいたら、私はまだまだ「個人戦」という意識のままだったかもしれない。

人が変わるチャンスというのはさまざまあるが、大人になると、人はそう簡単に変われないというのもまた事実である。しかし、上司ガチャは人を変える大きなチャンスとなる。そして会社には、上司ガチャの機会はたくさんある。そのガチャを自分で何度も引くことができる、自分で当たりを出すことができる、となれば、私たちは何歳になってもいくらでも成長できるし、最強になれるのではないだろうか？

成長するために、自分と未来を変えるために、「上司ガチャ」を「与えられた運命」として嘆くだけではなく、「自分で未来を切り開くためのチャンス」として捉えること。上司ガチャは、そういう意味がある転機なのだ。本章で話した「自分のことを理解する」そして「相手＝上司のことを理解する」というのは、上司ガチャを自分で回し、当たりを引き当てるための大前提なのである。

第1章のポイント

■「上司ガチャ」は単なる運ゲーではない

どの上司につくかによって、きみの成長スピードは大きく変わってくる。一生懸命努力すれば、当たりの上司を引き当てて、どんどん成長していける。

■自分ひとりでは成長に限界がある

孤軍奮闘するのではなく、信頼でき、切磋琢磨し合える仲間や上司を見つけよう。自分にないものを持っている人と付き合うのもいい。

■「まだ何者でもない人」にこそ成長の余地がある

組織は非常に優秀な2割と、何者でもない6割、全然ダメな2割に分かれる。6割の人は大きな可能性を秘めており、努力次第で自分を変えられる。

■「年上＝偉い」の時代は終わった

年上だからといってへこへこする必要はない。相手をシビアに見極め、心から尊敬できる人にだけついていくべきだ。

■自分にとっての「SSR上司」はどんな人か、見極める

自己分析をして、「自分は何を理想としているのか」「その理想を叶えるためには、どのような上司が適しているのか」を思い描こう。理想が明確でないと、目の前に最高の上司がいたとしても、その価値に気づけない。

第2章

3ステップで上司ガチャを「成長のチャンス」に変える。

3つのステップで「上司ガチャ」を意味あるものに変える。

第1章でも書いたとおり、上司には強みもあれば、弱みもある。だから部下は、「私の強みを活かしてください」などといった受け身の姿勢ではなく、上司の強みや弱みを探し、把握し、強みを活かし、弱みを補完してあげる必要がある、と私は考えている。

この章では、上司ガチャを成長のチャンスに変える方法を紹介していきたい。

上司ガチャを意味あるものに変えるには、次の3つのステップが有効だ。

（1）上司のデータを集める

（2）上司の強みと弱みを書き出す

（3）上司の資質を見極め、「継続」と「チェンジ」をジャッジする

まず第1ステップは、上司のデータを集めること。自ら積極的に歩み寄り相手を知らなければ、何も始まらない。私は新人の頃、これが苦手だった。「オン」と「オフ」を完全に分けようとしていたからだ。職場だけで上司のデータを集めるには限界があるが、かと言って自分から食事や飲みに誘うことは一切なく、上司から誘われてもだいたい断っていた。

だが、いま振り返って思うことがある。もっと自分からコミュニケーションを取れば、何か変わっていたのではないか、と。

たとえば、「ランチに行きませんか？」「飲みに連れて行ってください」などでもいい。そのくらい、もっと気軽に上司を誘えば良かったと思う。昼でも夜でも、オフィスの外で時間を共有すれば、上司がオフの時間、どんなスタンスでいるのかが見えてくる。もしも本書を読んでいるみなさんが上司を苦手に感じていて、「上司ガチャ、ハズレだ」と思っていたとしても、オフの姿を見ればまた違う感情が生まれるかもしれない。

上司が職場で見せる姿は「オン」で、それは上司の一面にすぎない。それも、仕事上の指示が主で、その上司がどんな考えを持ち仕事に臨んでいるか、なぜそう考えているのかなど、上司の人間の根幹に関わるところは見えないものだ。

上司のオフの時間を積極的にもらい、密にコミュニケーションを取り、具体的には相手の特徴をA4用紙1枚にびっしり書き出せるくらいになれば、その上司の姿がきっと見えてくるはずだ。すると苦手な上司を好きになったり、尊敬できる一面が見えてくると思う。

この「A4用紙に書き出す」が、第2ステップに当たる。上司のことをとことん理解しようという姿勢で相手のことを調べ尽くし、強みと弱みを書き出していくのだ。最初は「強み」「弱み」などと体系立てて書く必要はない。相手と向き合って知ったことを、紙にただ書き出していく。上司が複数いるなら、ひとり1ページ分の枠を作り、どんどん書き込んでいくといい。

上司の経歴や出身校はもちろん、誕生日や血液型、出身地や家族構成、好きな芸能人や好きな本にテレビ、休日の過ごし方など、執拗に相手のデータを書き出していく。それに慣れてきたら、「スキル面」「マインド面」「仕事」「プライベート」などとグルーピングできるようになる。これらすべてが、良い形で上司と向き合うヒントとなる。

そしてこれは、気づいたらすぐ忘れないうちに書き留めておくことが大切だ。「後でまとめて書き出そう」などと思うと、情報の鮮度は失われていく。仕事中でもそれ以外でも、上司のことをすぐにメモする習慣をつけてほしい。

そして第3のステップは、上司の資質を見極めて「継続」と「チェンジ」をジャッジすることだ。つまり、上司の本当の姿はどのようなものか、冷静に、客観的に見極める。その資質を見極めたうえで、この上司についていくのか、それとも配置換えを目指すのかをジャッジしていくのである。

ただし、冷静な見極めができていないと「チェンジ」という結論になりがちなので、基本的には「継続」の方向で考えることがポイントだ。組織において「チェンジ」はなかなか実現しにくいし、「継続」という結論があってこそ、努力次第で上司に合わせて成長していけるからだ。

上司のデータは、こうして集めろ。

3つのステップのうち、最も力を入れてほしいのは、最初の「上司のデータを集める」段階である。このステップのコツを3つ紹介したい。

上司のデータを集めるコツ①「戦略的な〝飲みニケーション〟」

かつての私のように、多くの人は上司のことをよく知らないまま、相手のことを嫌っている。特にいまは、「オンとオフをはっきりさせたいから」と、上司とのランチや飲み会に参加しない人も多いだろう。

そんな人におすすめなのは、目的意識を持ってランチや飲み会に参加することだ。

勘違いしている人もいるが、「上司と飲みに行く＝上司に媚を売る」「飲み会は仕事にまったくプラスにならないのに、プライベートの時間が減ってしまうもの」というわけではない。オフの場を上司と共有することで得られる情報量は、決してバカにならない。たとえば、その上司に部下が3人いたとしたら、仕事中に得られる情報の量はたったの3分の1しかない。一方、上司とサシで飲みに行けば、マンツーマンで学ぶことができる。

得られる情報の質も、まったく異なる。仕事中に得られる情報は、サッカーにたとえるなら座学で学べる「戦術」の部分である。けれど、飲みの場で得られるのは「なぜサッカーを始めたのか？」「どうしてサッカーが好きなのか？」「日々、どのような気持ちで練習に向き合っているのか？」といった、マインドやバイブスの部分だ。こうした情報は非常に重要で、今後のキャリアにおいても有益なものであるにもかかわらず、仕事中に聞き出すことは難しい。

仕事においては、スキルももちろん大事だが、マインドセットも非常に大切だ。その点に関しては、上司と飲みに行くことで、より上質で濃密な情報が得られる。

なかには、「上司と飲みに行っても、そんな話になったことなんてないけれど……」と言う人もいるかもしれない。しかし、それは聞き方が悪かったのだろう。**スタンスや心がけによって、飲み会は「つまらない、ムダな時間」にも「上司と腹を割ったコミュニケーションができる、有益な時間」にもなる。**これも「上司ガチャ」と同じく、自分の意識次第だ。

上司にマインドや考え方について尋ねるのが照れくさいというのなら、酒の勢いに任せてもかまわない。

「○○さんって、どうしてこの会社に入ったんですか？」

「モチベーションが下がったときって、どうしてますか？」

「○○さんは、今後この会社でどうしたいんですか？」

このように、普段の業務では聞けないことを思い切って聞いてみる。自分の仕事哲学やこれまでの努力について聞かれて嫌な気分になる人は、まずいない。心がけひとつで、会社では得られないがこれからのキャリアに役立つ、しかも他の部下が知らないような有益情報を獲得できるのだ。それが「戦略的な飲みニケーション」なのである。

ここで、興味深い調査を紹介しよう。第1章の冒頭でも引用した「嫌いな上司に関する意識調査」（株式会社ビズヒッツ）である。

この調査では「上司との関わりで一番イヤなこと」という質問をしている。結果は次のとおりだ。

1位……報告・連絡・相談など（500人中78人）
2位……仕事以外の付き合い（飲み会・ランチなど）（500人中68人）
3位……プライベートな会話（500人中44人）
4位……一緒に働くこと全般（500人中40人）
5位……2人での出張や移動（500人中16人）
6位……個別面談（500人中12人）
7位……会議・打合せ（500人中10人）

この回答を見ると、誰もが「上司とコミュニケーションを取りたくない」と感じていることがわかる。報告・連絡・相談さえ嫌だとなると、かなりのストレスだろう。

しかし、と私は思う。もしかすると、上司とコミュニケーションを取らないから相手の本質が見えず、ますます嫌いになっているのではないだろうか、と。

さらに、2位の「仕事以外の付き合い（飲み会・ランチなど）」に注目したい。約70人がこれを「一番嫌なこと」に選んでいるが、今どき飲みニケーションを積極的に行おうとする〝部下〟は少ないのだろう。

だが、だからこそ飲みニケーションをチャンスと捉えてほしいと私は考えている。

第1章で述べたように、周囲の誰もやりたがらないからこそ、その行動に価値が生まれる。大多数が飲みニケーションを嫌がる中で、積極的に自分のことを根掘り葉掘り聞いてこようとする部下は上司にとってかわいい存在となるだ

ろうし、少人数のプライベート空間で上司の素顔を知れるチャンスとなる。

飲み会やランチの場を有効活用すれば、同僚たちに差をつけられる。こう考えると、飲み会やランチの場も、自身が成長できるチャンスとして魅力的に思えてくるのではないだろうか。

上司のデータを集めるコツ②「ストレングス・ファインダーの活用」

もうひとつ、上司の資質を見極めるために有効なのが、**「ストレングス・ファインダー」**だ。

ストレングス・ファインダーとは、米国ギャラップ社が提供している才能診断ツールである。Ｗｅｂサイト上で約1時間、１７７問の質問に答えることで、自分の資質がわかるというものだ。34ある資質のうち、トップ５の資質が示される個人向けのプランが３０００円、34の資質すべてが示される個人向けのプランが８４５０円となっている（２０２３年7月1日時点）。マネジャー向け、学生向けのプランも用意されている。

Ｗｅｂサイト上で診断することも可能だが、『さあ、才能（じぶん）に目覚めよう 最新版 ストレングス・ファインダー2・0』（ジム・クリフトン著、ギャラップ著、日本経済新聞出版、２０２３年）という書籍には、アクセスコードが付属していてストレングス・ファインダーの簡易診断を受けることができる。

企業によっては、入社した社員全員にストレングス・ファインダーを要し、上位5資質を全社員に公開することもあると聞く。雑談のネタにもなり、お互いをより深く理解するための良いアイデアだと思う。

ちなみに、私の上位5資質は、次のとおりだ。

(1) 競争性
(2) 個別化
(3) 自我
(4) 自己確信
(5) 達成欲

わかりやすい名前がついているので、だいたい想像できると思うが、私の資質は、ライバルとの競争を惜しまず、独立心があり、何かを達成するのが好きで、自分に自信があり、一人ひとりの個性を尊重するということだ。振り返ってみても、かなり精度の高い診断である。

主として自己分析ツールとして用いられるストレングス・ファインダーだが、これは上司のデータを集め、資質を見極めるときにも相当有効となる。

たとえば、上司と飲みに行ったときに、次のように言ってみるといいかもしれない。話のネタにもなる。

「◯◯さん、ストレングス・ファインダーって受けたことありますか？　ぜひ受けてみてほしいです！」

「◯◯さんのことをもっと知りたいんです。私が一番近くで学ばせていただく先生みたいな◯◯さんにどんな強みがあるのか、ぜひ知りたいんです」

「私の資質はこんな感じです。うまく使ってください！」

部下から「もっとあなたのことを知りたい」と言われて、うれしくない上司はいないだろう。こうした客観的な分析を通じて上司の資質を知り、そのうえで相手の言動を見るとまた別の気づきがあるだろうし、コミュニケーションも円滑になるはずだ。

少し話は変わるが、ストレングス・ファインダーは、マネジメントにも有効である。

たとえば、あまり成果の上がらない営業社員がいたとする。その社員にストレングス・ファインダーを受けてもらうと、成果が上がりにくい理由が見えてくることがある。その社員の上位資質に「着想」があったとしたら、その人の強みはクリエイティブな能力にありそうだとわかるし、すると営業の仕事を続けてもらうよりも、提案資料をより直感的にわかりやすいものにしたり、商品の魅力的なキャッチコピーを考案したりする作業を任せると、もっと良い成果が出せる可能性がある。

ストレングス・ファインダーは、手っ取り早く自分と相手を知れるすばらしいツールなので、占いのような感覚で気軽に試してみてほしい。

なお、すぐには診断を受けられないという人のために、34の資質をリストアップしておく。「自分はこの資質が強そうだな」「上司はこのタイプだろう」などと考えてみるだけで、自己分析や上司の分析の参考になるはずだ。

実行力の資質	影響力の資質	人間関係構築力の資質	戦略的思考力の資質
・達成欲	・活発性	・適応性	・分析思考
・アレンジ	・指令性	・運命志向	・原点思考
・信念	・コミュニケーション	・成長促進	・未来志向
・公平性	・競争性	・共感性	・着想
・慎重さ	・最上志向	・調和性	・収集心
・規律性	・自己確信	・包含	・内省
・目標志向	・自我	・個別化	・学習欲
・責任感	・社交性	・ポジティブ	・戦略性
・回復志向		・親密性	

上司のデータを集めるコツ③「〝かわいがられ力〟を磨く」

もうひとつ、上司のデータを集めるコツとして、少し抽象度が高いアドバイスをしよう。それは、**上司からかわいがられるキャラクターになる**ことだ。

こう聞くと、「媚は売りたくない」「上の世代にかわいがられたって、何の意味もないんじゃない？　これからの主役は若者なんだから」と考える人もいるだろう。たしかに若い人がこれからの未来をつくっていくというのは私も否定しないが、結局のところ、いまビジネスの現場でバリバリ動いているのは、上司世代だ。上司たちが持っている知識やノウハウこそ、できるビジネスパーソンとして活躍するために欠かせないものであるはずだ。

そうした**知識やノウハウを最短で学ぶために不可欠なのが、「かわいがられ力」**だ。

どんなに厳しい上司であっても、やはり人間は感情の生きものである。「かわいがられ力」がある部下と、ない部下とでは、上司からの扱いが大きく変わる。かわいい部下にこそ、自分がこれまで身につけてきたノウハウを引き継いでやりたい、と考えるのは自然なことだ。

それでは、「かわいがられ力」のある部下とは、具体的にどんな人だろうか？　わかりやすい要因として「優秀さ」があるが、それ以上に必要なのが「一生懸命さ」だ。優秀な部下は手がかからないし目をかけるだろうが、たとえ出来が悪くても一生懸命頑張っている部下は、やはりかわいいものである。

私が「かわいがられ力のある部下」と言って思い浮かべるのは、入社してすぐの頃、くすぶっていた私にあれこれ世話を焼いてくれて、「尖った感じが痛々しくておもしろい」といじってくれた先輩だ。彼がチームを離れる前、売上は私のほうが高かったが、この先輩は上司への歩み寄り方がフランクでよく上司を飲みに誘っていた。当時尖っていた私よりも、断然かわいがられていた。

「媚は売りたくない」という人におすすめしたいのが、上司をお客さまだと思う、という方法だ。相手をお客さまだと思えば、相手に気に入られたり信頼されたりするキャラクターを演じるのも、無理なくできるはずだ。

また、相手にかわいがられたいなら、思い切って自分をさらけ出す必要がある。自分を偽ったままでは相手との間にある壁を越えることはできないし、相手の本音は引き出せない。とにかく素を出して、相手の懐に入り込むことを目指してほしい。

「素を出したら嫌われてしまうかもしれない」「上司にダメなところは見せたくない」などと思う必要はない。上司と部下という「ビジネス上の関係性」を積極的に壊し、「生意気だけど、また飲みに連れて行ってあげるか」「自分が教えてやらないとな」と思わせてしまえば勝ちである。

大切なのは、部下としての特権をフル活用すること。相手との距離を縮めて、聞きたいことをどんどん聞き出してほしい。

上司の「人間性」ではなく「スキル」に注目する。

私は、出会った「最強上司」のことをビジネスパーソンとして尊敬しているが、具体的にどんな部分が「最強」かつ「最高」だったのか。ひと言で言えば、営業力や部下一人ひとりに合わせたマネジメント力、統率力、傾聴力などといった「すばらしいビジネススキルを持っていたから」に尽きる。

多くの人は、「優しい上司」を好きになりがちだ。「優しさ」というのも「人間性」のひとつであり、それはそれでいいと思う。すばらしい人間性を持つ上司からは、生き方を学ぶことができる。

けれど、ビジネスの場で成果を出せる人になりたいなら、上司の「人間性」と「スキル」を分けたうえで、上司の「スキル」に注目する必要がある。

これはなかなか難しいことで、特に新卒のうちは電話対応や雑用が主な仕事になることが多い。そんな状況では自分のキャリアビジョンは見えにくく、キャリアのゴール設定もできないだろうし、これからの自分にどんなスキルが必要かなんてわからないだろう。すると、上司のどんなスキルに注目していいかも不明確だと思う。

そんな人には、次の４つの方法を試してもらいたい。

①自分なりのゴールを模索する

ぼんやりでもいいし、業務に直接関係がなくてもいい。まずは、自分のゴールを模索すれば、これからの方向性が絞られる。

ちなみに当時の私の場合のゴールは一貫して「大金持ちになる」と「モテまくる」であった。このゴールを達成できる職業として経営者になったとも言えるだろう。こんなレベルでも「目指す姿」を常に持っていたからこそ、経営者までの最短ルートを歩んでこられたように思う。

②「ビジネススキルマップ」を参考にする

「ビジネススキルマップ」とは、**ビジネスに必要なスキルを可視化し、マトリックス形式にまとめたもの**だ。似たようなものに「スキル・マトリックス」があるが、これは一般的に取締役が保有しているスキルを一覧にして、企業の経営方針や戦略を検討するために使われる。
「ビジネススキルマップ」や「スキル・マトリックス」と画像検索してみると、さまざまなマトリックスを見ることができる。

まずはそれらを見て「こんなにいろいろなスキルがあるんだ」「自分ならたぶん、このあたりの領域に進むのが向いているのかな」「興味があるのはここだ」「その領域は、いまの上司のもとで学べそうだな／別の上司についたほうがよさそうだな」などと考える程度でかまわない。このマップを活用すれば、自分の仕事にどんなスキルが必要か、どんなスキルを習得したいかが具体化されていくはずだ。

③上司に直接尋ねる

より直接的な方法であるが、上司本人に「どんなスキルを持っているのか？」「これまでどんなキャリアを歩んできたのか？」「得意分野と苦手分野は？」と直接尋ねてみるのもおすすめだ。1 on 1や飲み会の場で、素直に「これからのキャリアを考えるうえで参考にしたい」と言えばいい。一番いいのは上司の職務経歴書を入手することだが、これはさすがに難易度が高いので、直接聞いたほうが安易とも言える。

④話しやすい先輩に尋ねる

上司に尋ねるのが難しければ、話しやすい先輩に「私の上司って、どんな人ですか？」「これからあの上司のもとで働くうえで、何かアドバイスはありますか？」「うちの部署なら、特にどの人が優秀ですか？」などと聞いてもいい。ゴシップ的なノリで気軽に尋ねてみると、相手もいろいろ教えてくれるだろう。

少し上の年次の先輩だけでなく、10歳以上年上の先輩にも聞いてみると、視点が違っていておもしろいものだ。

＊

私の仕事である営業という話でいえば、次のような項目に注目すると、その人のスキルが見えてきやすいだろう。

・個人として、何回営業成績ナンバーワンになっているか
・レコードやアワードを持っているか
・マネジャーとして、過去にナンバーワンプレーヤーを何人輩出したか
・部署内で、その上司が率いるチームの成績は何位か
・社内で発言権があるか
・クロージング能力があるか
・新規開拓が得意か、それとも既存顧客からの受注が多いか

・リピート率はどのくらいか
・自分に的確なアドバイスをくれるか
・クレーム処理能力があるか
・1回の契約単価はどのくらいか
・プレゼンは得意か
・資料作成が上手か
・相手から値引きを求められたときに、それを受け入れて契約する確率はどのくらいか

なお、入社面接のときに「御社で働くうえで、求められるスキルは何ですか?」と尋ねた人も多いと思うが、そこで得た回答をもとに上司の資質を見極めるのも賢い手だ。

自己分析と上司のスキル分析を行うことで、上司ガチャの精度はますます上がっていくのである。

いまの自分に必要なスキルは剣？　弓？　盾？　魔法？

スキルの見極め方について話を続けていこう。

ここでＲＰＧのパーティー（主人公とともに旅をする集団）を思い出してほしいのだが、パーティーにはさまざまなキャラクターがいる。それぞれ別の強みを持つキャラクターが集まることで、あらゆるシーンに対応できる。

企業もこれと同じで、全員が営業パーソンだったり経営者だったりすると、会社は成り立たない。経営者、営業、経理、採用、人事、制作、エンジニア、デザイナー……などなど、さまざまな強みを持った人たちが集まっているからこそ、会社を運営できると言える。

そこで、会社を構成する人たちの強みをＲＰＧのパーティーにたとえれば、次のように分けることができる。ざっくりとした分け方ではあるが、会社は主としてこの4つの強みを持った人たちで成り立っている。

・剣タイプ　：攻撃に強いタイプ。経営や営業など
・弓タイプ　：頭脳派タイプ。コンサルティング、マーケティング、経営戦略など
・盾タイプ　：守備タイプ。総務や経理など
・魔法タイプ：クリエイティブタイプ。デザイナーなど

さて、みなさんはどのタイプだろうか？　そしてどのタイプなら、今後のビジネス人生をかけて伸ばしていくイメージが持てるだろうか？

私の場合は完全なる剣タイプだ。自分が話すことによって誰かに影響を与えるのが好きだし、それが得意である。その反面、マーケティングやバックオフィスの知識もないし、クリエイティブなセンスはない。弓・盾・魔法の仕事を一

生懸命やったところで、剣の仕事ほどの成果は望めない。とすると、**最高の営業力を得たいなら、最強の剣士に学べばいい**、と考えることができる。

こう考えると、「自分にとっての理想の上司」は誰か、おのずと見えてくるはずだ。

上司を5つのタイプに分けてみる。

ここまで上司の資質を見極める方法をいくつか紹介したが、まだイメージがわかない人もいるかもしれない。そこで、私の経験をもとに上司の「5つのタイプ」をご紹介したい。

もしかすると、この中にあなたの上司に似た人がいるかもしれない。それぞれ見ていこう。

①ザ・管理職タイプ
②カリスマ上司タイプ
③自分が一番タイプ
④共感力抜群タイプ

⑤トップパフォーマータイプ

①ザ・管理職タイプ

このタイプは、上層部の意向を汲み取ってそれに忠実に従おうとする傾向がある。昔ながらの日本企業においては、最も優秀とされた人材と言えるかもしれない。

部下としては「もっとこちらの意向も汲んでほしい」「現場にも目を向けてほしい」「上ばかり見て……」と思うことも多くあるだろう。だがしかし、経営と現場の潤滑油、いわゆるHUB（ハブ）のような人間が、ザ・管理職タイプの哲学なのだ。

ザ・管理職タイプは、組織全体としての和を重んじ、組織として成果を上げることを好む。会社の意向を翻訳して部下に伝えるのが得意で、このタイプとはビジネスライクに付き合えるため、今どきの若い世代にとってはある意味楽かもしれない。

このタイプの弱みは、部下の個性を伸ばすのが苦手なところ。相手をその人なりの正解やフォーマット、枠に当てはめる傾向がある。飲みニケーションなどといったフランクなコミュニケーションより、よりビジネスライクに、社内のコミュニケーションを重視するといいと思う。

このタイプと相性がいい部下は、目標達成のために、感情を挟むことなくがむしゃらに行動する職人タイプだ。また、上下関係を大切にするタイプも好かれる。

②カリスマ上司タイプ

このタイプは、部下のモチベーションを上げるのが上手だ。高級ブランドのスーツで身を固めたり華やかな案件に携わった経験を話したりして部下に夢を見させ、目標に向かって行動する意欲を引き出す。笑顔が素敵で明るくて、悪口は言わないし、部下の前で疲れた顔は見せない。広告代理店やメガＩＴベンチャーにいそうなムードメーカーである。

このタイプと相性がいい部下は、みんなを和ませたり笑わせたりできるお調子者タイプだ。カリスマ上司をうまく盛り上げて、「○○さんに一生ついていきます！」などと言うこともできるため、気に入られる。

③自分が一番タイプ

その名のとおり自分のことしか考えていないタイプで、人の気持ちを察したり誰かのために行動したりするのが苦手で、組織の調和を乱しがちな上司だと言える。部下を育てることもできず、気の向くままに行動してしまうのも特徴だ。

相性がいいのは、自らの頭で考えて動けるタイプである。うまく調子を合わせてくれて、具体的な指示を出さずともそれなりの結果を出せる、「デキる部下」である必要がある。逆に、仕事を通して何かを成したいとは考えていない社畜タイプも、自分が一番タイプの上司とはうまくやれると思う。

④共感力抜群タイプ

相手に寄り添って柔軟に行動できる、稀有なタイプである。部下の話を親身に聞き、言葉遣いも丁寧で、温厚で優しい。部下や新人の意見に耳を傾け、チーム運営に取り入れることもいとわない。

弱点は、リーダーシップが足りないことだろう。ぐいぐい引っ張っていってほしい部下とは合わない。

相性のいい部下は、お互いに程よく気を遣い合える、空気の読める部下だ。だからといって、本音を言わないままでいると、いつまでも物事が進まないため、部下にも推進力が求められる。

⑤トップパフォーマータイプ

どこの組織でどんな仕事をしても成果を出せる、実力のある人である。営業力やマーケティング力などといった自分の専門分野のスキルだけでなく、部下を引っ張る力もあり、誰からも慕われる。

弱点は、若い人の育成しかできないことだ。ずば抜けた実力があるがゆえに、同世代や年上の部下からは、妬まれやすかったり、距離を置かれがちだったりする。

このタイプと相性がいいのは、とにかく成長を求める部下だ。どちらかというと体育会系で、トップパフォーマー上司に憧れ、少々理不尽な指示でも受け入れて120パーセントコミットできる部下がかわいがられる傾向にある。

自分に求められている
キャラクターを理解し、演じる。

前章で話したように、プライドが高くて尖っていた私は、「最強上司」の率いるチームになってから徐々に変わっていった。いつの間にか上司に振られて一発ギャグを披露するような、お調子者のキャラクターになっていったのだ。いまになって考えると、これには最強上司の策略があったようにも思える。

最強上司に出会う前の私は、先輩から「一発ギャグをやれよ」と言われることがあっても、そのたびに嫌な顔をしていた。運悪く私と同じ名字の芸人さんが一世を風靡していたということもあり、こうした機会は頻繁にあった。その芸人さんのモノマネを何度も求められ、「嫌だけど仕事だからな……」と渋々応じていた。

そんな私の様子を見た最強上司から、「ピエロみたいな真似をするな」と叱られたことがある。だがその一方で、最強上司も私に別の一発ギャグを振ることが何度もあった。

先輩から芸人さんのモノマネをさせられることと、最強上司から振られた一発ギャグをすることに、どんな違いがあったのか。それは、プロフェッショナルとしての行動か否かだったように考えている。

最強上司が私に一発ギャグをさせるのは、チームの数字が思わしくなく、チームの雰囲気が重くなってしまったタイミングだった。ギスギスした雰囲気をなんとか打破したいが、最強上司自身が一発ギャグをするわけにはいかない。そこで私に「藤崎はモノマネがうまいからな。○○のモノマネをやってくれよ」などと注文をつけるのだ。私がオーダーに応じると、チームのみんなが笑って雰囲気が和らぐ。私も、最強上司に頼られてうれしい。それを狙っていたのだろう。

最強上司に命じられたときのギャグは、プロフェッショナルとしてのギャグだった。目的意識があり、それを達成するための仕事のひとつだったわけである。

人によっては、ギャグ以外の方法でチームの重苦しい雰囲気を打破することができると思う。だが私の場合は、モノマネしかなかった。けれど、それでチームを少しでも良い方向に導けたなら、ギャグをやった意味があったと思うし、その行動を通して自分を犠牲にすることの大切さを学んだのだ。

さらに最強上司は、私にギャグをやらせた後、必ず「ありがとうね」「やっぱり、みんなを笑わせるのは藤崎にしかできないな」などと言ってくれた。そんなふうに褒められると、たかがモノマネでも「自分の仕事」となり、それに責任を持つようになっていく。実際、私はこれで自分に自信がついたし、チームになじめるようにもなった。最強上司らしい采配の仕方だったといまでも思っている。

私がプライドの高いキャラのままでは、最強上司ともうまくいかず「上司ガチャにハズレ続けた状態」になっていただろう。ときには自分のキャラクターを変えてでも、上司に合わせにいく必要があるといえる。

自分だけのポジションを見つける。

私の場合、「チームのみんなを笑顔にする」というポジションは、最強上司が与えてくれたものだ。**ポジションを見つけたことで居場所ができ、メンバーに溶け込むことができた。**

とはいえ、すべての上司が一人ひとりの役割を指定してくれるとは限らない。では、どのように自分だけのポジションを見つければいいのか。そこで、**学生時代の自分のポジションを思い出すというのがひとつの方法となる。**

たとえば、目立つリーダータイプ、仕切れる委員長タイプ、みんなを笑わせるお調子者タイプ、誰からもかわいがられる末っ子タイプといったように、学生時代のグループ内では、一人ひとりのキャラクターがはっきりしていたのではないだろうか。そのときのキャラクターを思い出してみると、自分にとって自然にできる、居心地のいいポジションが見えてくるだろう。

カラオケに行ったときの役割も参考になる。カラオケでは、その場にいるメンバーが自然といくつかの役割に分かれるものだ。積極的に歌うタイプ、お酒をたくさん飲むタイプ、他の人が歌うのを静かに聞いているタイプ、マラカスやタンバリンで盛り上げるタイプ、イケてる選曲をしてみんなに歌わせるタイプ、店員さんとのやり取りを一手に引き受けるタイプ、といったように。

このカラオケでの立ち回りには、それぞれの個性が色濃く出る、と私は考えている。

だから、もしも会社のメンバーでカラオケに行ったときには、自分なりのポジション取りを考えてみてほしい。全員が知っている歌を入れて、ガンガン盛り上げるのもいいし、ソファの上に立ち上がって踊りまくる人も必要だ。歌もダンスもできないなら、コスプレをしたりあえて下手な歌を披露してみんなを笑わせたりするのもいいかもしれない。

「恥ずかしくてそんなことはできない」と言う人がいると思うが、歌やダンスという強みがないなら、プライドなんて捨てて自分をさらけ出してでも、誰かを笑わせたり楽しませたりするという役割を演じてみるといいだろう。

大事なのは、「誰もやっていないこと」をやることだ。カラオケのゴールは、最終的にはみんなで肩を組んで合唱すること＝盛り上がり、その場に一体感が生まれることだが、「そのゴールに向けて自分は何ができるのか」という視点で考えてほしい。

私が思うに、カラオケというのはビジネスの縮図である。ビジネスの場でのポジション取りの練習として、ぜひ活用してほしい。

上司ガチャの「当たり」は準備している人に訪れる。

「上司ガチャ＝上司は選べない」というのが世間一般の常識ではあるが、実はちょっとした努力と考え方の積み重ねで、上司ガチャの勝率は上がっていく。つまり、上司ガチャのカラクリを理解して適切に準備すれば、上司ガチャは運任せの〝ガチャ〟ではなく、自らの手で運命の上司をつかみ取れるようになるのである。

ここで大前提として理解してほしいのは、「幸運は準備している人にしか訪れない」ということだ。サッカーを例に考えてほしい。暑い日も寒い日も毎日、一生懸命練習に励む。雨の日は屋内で筋トレをする。座学にももちろん熱心に取り組む。そうして日々、努力した結果、ＰＫなどといった「あとはもう運に任せるしかない！」と思われるようなシーンで、勝ちをつかむことができるのだ。

上司ガチャもこれと同じで、並々ならぬ努力を積み重ねると、経験値がたまっていく。経験値がたまると、センスが身につく。そういったもののピースがすべてそろった段階で、初めて運が引き寄せられるのではないだろうか。

また、「ガチャを回し続けること」も努力のひとつである。

私の場合、会社を辞めずに上司ガチャを回し続けたからこそ、6人目にして最強上司という理想の存在に出会うことができた。ガチャの結果を前向きに受け入れるのも努力だが、何度でもガチャを回し直す根気も必要なのだ。

そして、ガチャの結果を前向きに受け入れるにせよガチャを回し直すにせよ、受け身の姿勢では当たりはほぼ永遠に訪れない。「絶対に当たりの上司をつかんでやる!」「いまの上司を当たりに変えてやる!」という強い気持ちで、自己分析をしたり上司を観察して特徴や強みを見極めたりして、自分で運を引き寄せていくことが大切だ。

それでも「上司が悪いから、成果が上げられないのは仕方ない」という気持ちを抱いている人には、「他人と過去は変えられないが、自分と未来は変えられる」と考えてほしい。これは第1章でも取り上げた考え方だが、大人になると人間というのはそう簡単に変わらないものだ。しかし、**自分なら意識次第で変えられる。**現状から目をそらすのではなく、まずはその事実に向き合ってほしいと思う。

これには、相手に求めてばかりでは自分が疲れてしまう、ということもある。それよりも、**大いなる可能性を秘めた自分に期待してあげること。**上司の当たりハズレを嘆いて愚痴るより、自分を見つめ直して自分の改善点を探っていくことに時間を使う。するとあっという間に成果が出て、より優秀な上司のもとに配置換えしてもらえる可能性だってあるだろう。

上司を好きになれば、上司も自分を好きになる。

「鏡の法則」も知っておくといい。これは、自分が相手を嫌いだと相手も自分を嫌いになる、自分が相手を好きになると相手も自分に好意的になるという法則だ。

おそらく読者のみなさんも、これまでの経験から直感的に理解できると思うが、誰だって自分のことを嫌っている相手に好感を抱くのは難しい。逆に、自分のことを好いてくれている相手のことは、自然と好きになっていくものだ。

この観点でも、恋愛と上司・部下の関係は似ている。恋人が「もっといい人はいないかな……」と他の候補を探し続けていたら、一体どう思うだろうか？　きっと、「もっと私のことを見てよ」「こんなに愛情を注いでいるのに、どうして愛してくれないの？」「私にもいいところがあるのに」と思うだろうし、そんな相手と一緒にいたくはないはずである。

それなのに、上司・部下の関係ではそれがまかり通ってしまうのだから不思議である。あなたが「もっといい上司、いないかな」と思っているとき、そんなあなたのことを、当の上司はどのように感じているだろうか？　相手（＝上司）の立場に立って想像すれば、「もっといい上司、いないかな」と思っている部下のことを、引き立ててあげたいとは思えないだろう。

上司ガチャの当たりハズレを決めるのは、あくまで自分自身。ハズレと思えばハズレだし、当たりと思えば当たり。ごく単純な話である。

ただし、「大ハズレの上司だから、当たりと思い込むことなんて絶対にできない」という人は、「この上司のもとにいたら苦労するけれど、経験値がたまってすぐにレベルアップするから大当たり！」と考えてほしい。

自分の意識を変えれば、どんな上司でも、当たりと捉えることができるのだ。

上司との相性は「蓼食う虫も好き好き」。

私が最強上司に出会えたのは、一生懸命探したからなのか、それとも自分が変わったからなのか。この答えは、どちらもイエス。前項で話したとおり、何度も何度も違う上司のもとをたらい回しにされながらも、私は決して会社を辞めなかった。あきらめずに「理想の上司」を探し続けたからこそ、この最強上司に出会うことができたのだろう。そして、「俺についてこい、鍛えてやるから」と言われたとき、その瞬間に「この人しかいない」と思えた。そして、自分を変えることができた。

私は最強上司のことが大好きだったが、全員が全員彼のことを大好きだとは限らない。ただ、おそらく「この人についていくんだ」と決心したからこそ最強の上司になったという言い方もできる。

「蓼《たで》食う虫も好き好き」ということわざがある。蓼は辛い葉っぱなのだが、そんな蓼を好んで食べる虫もいることから、〝人の好みはそれぞれ〟という意味だ。

このことわざは、上司・部下の関係にも当てはまる。ほかの同僚にとっては最高の上司でも、自分にとっては最悪かもしれない。

周囲の評価や無責任なうわさ、他人の好みに振り回されないことが重要で、その意味でも、上司のデータをできる限り集めて冷静に分析することが、**「理想の上司」に出会うカギとなる**のである。

上司ガチャの勝率を上げるために不可欠な4つのこと。

ここで、上司ガチャの勝率を上げるためにできることを4つ紹介したい。

①達成したい目標や叶えたい夢を決める

まずやるべきことは、自分を見つめ直して、達成したい目標や叶えたい夢を明確に決めることだ。

たとえば私の場合、20代前半の頃は「大金持ちになる」と「モテまくる」の2つが大きな目標だった。自分にとっての「かっこいい人」の定義が「大金持ちの人」と「モテる人」だったからだ。これは100ページでも話したことだが、目標なんてそんなものでいい。

本当に自分がワクワクして、その目標の達成のために努力したいと思えるものであれば、なんだっていい。思いつかないなら、私のように「モテまくる」にしておけばいい。「モテたくない」という人はいないだろうから。

目標を決めて、「理想の自分像」を描く。そして会社の中を見渡して、その理想に近い上司を探してみる。別の部署でもいい。そして、目標を達成したいなら、その理想に近い人のそばに身を置くのが一番の近道である。

相手の行動や思考をそっくり真似すれば、自然とその人に近づいていく。そう考えると、「自分の理想を体現している人」こそ「理想の上司」のひとりだと言える。

これがわかっていなければ、どんな上司に当たってもその人の魅力には気づけず、「この人とは気が合わないからハズレだ」「指導が厳しいから嫌いだ」ということになりがちだ。理想の上司を見つけるアンテナを立てる意味でも、まずは自分の目標や夢を明らかにして、その理想形に近い上司を探してほしい。

②仕事で成果を上げる

上司ガチャで当たりを引くためには、「仕事で成果を上げること」が不可欠であり、大前提となる。

はっきり言えば、仕事ができる人は上司を選べる。入社時の配属は100パーセント会社の意思で、上司との相性や空いているポストなどから、どの上司につくかが決められる。だから勝負は、入社してしばらく経って配置換えを検討するタイミングである。

入社後の仕事ぶりと成果によっては、ある程度は意見や希望を聞いてもらえる可能性が高い。特に中小企業においては、たとえば人事面談などで「今後、どうしていきたい？」「どんな上司のもとで経験を積みたい？」「マネジメントには興味ある？　それとももっと現場にいたい？」などと、こちらの意思を確認してもらえる可能性は十分にある。

配置換えを検討するタイミングに限らず、仕事ができる人には発言権がある。面談などで、自分の希望をそれとなく伝えておくことも可能だが、間違っても、

「いまの上司がハズレなので」というニュアンスを漂わせてはならない。

「今後のキャリアを考えると……」

「チャレンジしてみたい領域があって……」

「いろいろな上司のもとで勉強してみたくて……」

などと、ぜひ前向きに伝えてほしい。

なお、**意見や希望を聞いてもらえる人になりたいなら、ある程度の社内営業は必須**だと私は考えている。自分が周囲にどう対応しているかは、常に見られているものだ。「誰とでもうまくやっていける人」という評価を得てこそ、意見や希望を受け入れてもらうことができる。誰ともうまくやれず、かつての私のように〝ちょっと扱いづらい人〟〝組織クラッシャー〟などと評価されてしまうと、意見や希望は聞いてもらえないし、受け入れてくれる上司やチームは限られてしまう。

ちなみに、仕事で成果を出して周囲から認められたいとき、必ずしも真面目にコツコツ頑張る必要はない。

『人生は、運よりも実力よりも「勘違いさせる力」で決まっている』(ふろむだ著、ダイヤモンド社、2018年)という本があるのだが、この本では「錯覚資産」の考え方が紹介されている。「錯覚資産」とは、周囲の人が自分に対して持っている、都合のいい錯覚のことだ。錯覚資産を持っている人は有能だと見なされ、チャンスがチャンスを呼ぶ。

この錯覚資産を積み上げるには、周囲から評価されやすい、目立つ仕事をどんどんこなすこと。社内初のプロジェクトや、数字で結果が見えやすい業務、みんなが違和感を抱きながらも手つかずになっている雑用の改善提案などで結果を出せれば、「あの人はすごい」「有能だ」と思わせることができる。

日本は控えめな人が多いが、ある程度は積極的にアピールしていくことも大切だ。どんなに有能でも、アピールしなければ伝わらない。積極的に手を挙げ、声を上げて、自分の存在をアピールしていかなければならない。アピールしない人は、どんどん淘汰されていくだろうから。

③デキる上司に気に入られる

この方法は、もしかしたら本能的に嫌悪感を抱く人もいるかもしれないが、上司ガチャで当たりを引く王道の方法である。

有能な上司に気に入られると、その人のチームに引っ張ってもらえる可能性が上がる。すると、上司ガチャは「単なる運試し」ではなくなるのだ。

では、どうすれば有能な上司に気に入ってもらえるのか？　1つ目の方法は、**目立つ成果を出す**ことだ。

上司は、チームなどの組織全体で成果を上げるのが仕事である。だから「戦力となる優秀な人材がほしい」と考えるのは当然で、**理想の上司をターゲティングしたら、その人にほしがられるような人材になればいい**のだ。もし願いが叶わなくても、自身の成長にはつながる。

2つ目の方法は、**シンプルに「かわいがられる」こと**である。上司に営業をかけるイメージで、とにかく「かわいい奴だ」「一緒に働いたら毎日楽しそうだな」と思わせること。そのためには、何より相手のことを好きになる必要がある。先の「鏡の法則」のとおり、自分を好いてくれる人のことはかわいく思えるし、一緒にいて心地いいはずだ。

相手にかわいがられて信頼されるようなコミュニケーションは、実際に「部下」になってからも役立つ。良い案件を振ってもらえたり優先的にフォローしてもらえたりして、結果として成果を出しやすくなる。

ここでもアピールが不可欠で、デキる上司にただ気に入られているだけでなく、「あの人は○○さんに気に入られているんだな」と、大げさに言えば会社全体が知ってくれているような状態が理想だ。そうすれば、上層部や人事部からしても「あの上司にはあいつがぴったりだ」「なついているから、あの上司につけてやろう」という判断になりやすい。

会社での人間関係はとても複雑に絡み合っているから、配属というのはなかなか難しいもので、会社としては後になって「あの人とあの人は相性が悪くて、部下が会社に来なくなってしまった」という事態はなんとしても避けたいものだ。ならば、最初から相性がいい組み合わせで配置したくなるのは、当然のことだ。

また、少々強引な手だが、「この人は、あの上司の言うことしか聞かない」と思わせるという手もある。どうしても同じチームになりたい上司がいるときには試してみるといいと思う。会社としてはそれで生産性が上がるなら、文句はないはずだ。

入社したばかりのときは、単に目の前にくじ引きの箱がドンと置かれているような状態だ。だが、成果を出せば出すほど、上司にかわいがられるキャラになればなるほど、上司ガチャの精度は上がっていく。これは言うなれば、くじ引きの箱の中身を覗き込んだら、当たりくじが大量に入っているような状態である。しかも、箱の中を自分の目で見ながら、確実に当たりと書いてあるくじを取り出すことができるのだから、最強である。

上司ガチャの法則を知らない人は、いつまで経っても、目隠しをしてくじを引き、「またハズレくじを引いてしまった」と嘆いているような状態にある。私自身、この事実に気づくまでは「上司は会社が決めるものだから」と半ばあきらめてしまっていた。だが、最強上司に出会ってからは、「上司ガチャって、定性評価も定量評価も高くて、社内営業ができればなんとかなるんだな」と気づくことができたのである。

少し離れたところにある箱からランダムなくじを引くのではなく、箱に近寄って中身を覗き込めるようになるような努力が必要なのだ。

とはいえ私は、最初は最強上司に呼ばれた飲み会に行くことすら嫌だった。いまでこそ「オフの時間の上司を知る」という考え方ができるが、当時はオンとオフをしっかり分けたいタイプだったのだ。

飲み会にはメリットがあると気づいて積極的に飲み会に参加するようになると、最強上司は職場では聞けないような話を聞かせてくれた。飲みに付き合って親密になった分、「この案件、いけるから電話してみろ」とか「紹介案件、おまえに回しておいたぞ」などと言ってくれて、仕事にもつながった。振り返ると、私にとっての飲み会は、「部活以外の自主練習」のようなものだったと思う。部活の時間だけ練習しているのでは決して強くなれないし、成長に限界がある。自主練習でOBや他校の先生からしか得られない、有益な情報があるのだ。

だから、会社から「目隠しをして引いてください」と言われたガチャを素直に受け入れるのは、やめたほうがいい。それよりも自らの手で、裏ワザのように見える手段を使ってでも、当たりくじを引き当てるのだ。

私の場合は「この人の下につけないのなら辞めてやる」と言い切るくらいの覚悟を持ってやっていたが、こうしてさまざまな裏ワザも使いつつ、最高の上司を引き当てたら絶対に離さない。上司にかわいがられて結果も出して、「絶対に離したくない」と思われるような人材になればいいのである。

もしかすると、そんな「最強の上司」と離れてしまうこともあるだろう。けれど、会社の中にはすばらしい上司が何人もいるはずだ。自分の手でガチャを引く努力をしていれば、「理想の上司」と離れても、再びすばらしい上司に出会えるはずだ。

④自分に合う上司・合わない上司のデータを集める

「自分に合う上司」と「合わない上司」を見極めることも大切である。きっと、いろいろな上司を経験するうちに「合う上司」「合わない上司」が明確になってくるだろう。それぞれの違いを言語化する習慣をつければ、より合う上司を引き寄せることにつながる。自分に合う上司・合わない上司のデータが集まると、異動や配置換えのリクエストの際に交渉がしやすくなるからだ。

ちなみに私は、上司の生年月日と血液型と兄弟構成、この3つは必ずセットで把握するようにしていた。その結果、得られたのは、「上司はA型で長男の人が合う」「部下はお姉さんがいるB型の人がいい」「パートナーとなる取締役はお兄さんのいるO型がいい」ということだ。あくまで私なりの見極め方であり、見るべき項目は人によってそれぞれ異なるだろう。出身地が気になる人もいれば、年齢や前職が重要なファクターになる人もいるかもしれない。

一番いいのは、過去に自分をかわいがってくれたり、自分の能力を伸ばしてくれたりした人たちの共通点を探すことだ。部活でかわいがってくれた先輩や、自分に目をかけてくれた先生の共通点を思い出して、データベース化してみる。振り返ったり分析したりするうちに、何らかの規則性が見つかるだろう。

また、私の場合は人を見る目を養う訓練として、タクシーの運転手さんに「すみません。変なことを聞きますが、血液型は何型ですか？」と質問したりもする。血液型による共通点のデータを収集しているわけだ。これを何度か繰り返しているうちに、〝勝率〟は自然と上がっていくのである。

上司ガチャで「ハズレを引いてしまった」と思ったら。

ビジネスにおいて成長し、自分の価値を高めていくには、最強の上司に出会う必要がある。たとえ大した実力や才能を持っていなくても、すばらしい学歴がなくても、いい上司に出会ってしまえば成長は約束されたようなものだが、いくら手を尽くしても運に恵まれないことはある。

そこで、ハズレを引いてしまったときの対応策について考えてみよう。

①相手の本質をもう一度見直す

上司のことを「ハズレだ」と嘆く人は、上司の真の姿や資質がきちんと見えていない可能性もあるというのは、既出のとおりである。もしかしたら、あなたが見ているのは、上司のうわべだけだったり、単なる一面だったりするかもしれない。「顔も見たくない」という状態であっても、**あえて距離を詰めて、相手の本質を見抜く努力をしてほしい。**

私自身を振り返っても、上司の悪いところばかりが目についてしまい、相手を尊敬できず、うまくいかないことが多かった。当然ながら、相手の悪いところを探すような人間関係はうまくいかない。やはり恋愛と同じで、できる限り相手のいいところを探すようにしてほしい。

とはいえ、特に新卒3年目までは、上司をビジネス的な基準でジャッジして相手の素敵なところに注目するというのは、なかなか難しい。自分自身の社会経験が未熟で相手のビジネス能力を測るモノサシを持っていないからだ。

上司がクレーム対応の達人だったり、他部署との交渉で矢面に立って部下のことを守ってくれたりする人であっても、新人のときにはなかなか気づけないものだと思う。

そこで、**相手の本質を見抜くために、自分の上司の「いいところ」と「悪いところ」を全部書き出してみる**のが有効となる。また、上司が嫌いなら、**どこ**

が嫌いかを言語化してみるのもいい。「なんとなく嫌い」で終わらせずに、明確に言葉にしてみると、自分の好みや価値観をつかむヒントになる。

なお、この見極めは決して性急に行ってはならない。少なくとも1カ月以上は観察期間が必要だ。その1カ月間は、積極的に上司のそばに身を置いたり、自ら上司と関わったりしてほしい。

また、いきなり上司にぐいぐい迫っていくと、相手は一歩引いてしまう恐れがある。だから、緩急をつけてテストすることをおすすめしたい。「こちらがこう出れば、相手はこう対応した」「別のアプローチをしてみたら、相手はこう反応した」というふうに、少しずつこちらの出方を変えて、相手のリアクションをチェックする。

部下だからといって上司を見定めてはならないなんて決まりは、まったくない。受け身ではなく、自ら動くこと。ここで、上司のどこを見ていいかわからない人のために、10のチェックリストを紹介しよう。ぜひ参考にしてほしい。

（1）目を合わせていつもより元気に挨拶をしてみると、どういう反応をするか？

（2）誰に対しても態度を変えず、同じスタンスかどうか。加えて、上にも下にも一貫した話の内容になっているかどうか？

（3）自分の社歴やポジションに甘んじて、マウントをとってきたりしてこないか？

（4）質問や悩みを相談したときに、その場しのぎの回答ではなく、根本的な問題解決ができるような回答かどうか？

（5）上司のキャリアプランについての質問をしたときに明確な答えが返ってくるかどうか？

（6）会社の3ヵ年計画を尋ねたときに、答えられるかどうか？

（7）1週間毎日朝イチで出社し、最後まで残って仕事をしたときに、どんな反応をするか？

（8）軽い差し入れを手渡すと、どういう反応をするか？

（9）ランチや飲み会に誘うと、どういう反応をするか？

(10)「チームで週に一度会議をしましょう」と提案すると、どんな反応をするか？

②どうしても希望が持てなければ、別の道を探す

前項のアドバイスを実践して相手の本質を見ると、次の３つの選択肢が出てくると思う。

（１）相手を受け入れられるような気がしてきた
（２）フラットな気持ちになった
（３）相手がますます嫌になった

もし（１）相手を受け入れられるような気がしてきたのなら、真摯に上司と向き合った結果であり、とてもすばらしいことだ。引き続き丁寧なコミュニケーションを積み上げ、信頼関係を築いていってほしい。

（2）フラットな気持ちになった人は、もう少し様子見をしよう。引き続き本質に目を向けながら、自分の成長を第一に考えて行動を続ける。そのうちに、気持ちが変わる日がくるかもしれない。

問題は、（3）相手がますます嫌になった人だ。相手の本質を見て「やっぱり嫌だ」「これ以上一緒にいたくない」と思うなら、無理をする必要はない。心身の健康を害してしまっては元も子もない。

それでは、そんなときにどう対応するか。まずは社内で異動が可能かを確認してほしい。直属の上司が「どうしても無理」な対象なのであれば、別部署の人間に相談をしてみる。そういった状況をつくることが難しい場合は、先輩や同期に軽く相談をするのもいいだろう。

もし、あなたが属する企業が大規模なら、異動で問題が解決する可能性はかなり高い。新しい居場所で成長し続けたほうが賢明である。一方、属する企業が中小規模であれば、「別の上司」という選択肢が用意されていないかもしれない。冷静にまわりを見渡して離脱という判断を下すなら、思い切って抜け出せばいい。社内で自分より立場のある人間を3人思い浮かべ、そのうちの誰にもなりたくないと思うのであれば、その組織からは脱出するのが正解だろう。組織はそんなに簡単には変わらないからだ。

自分の健康と成長を第一に考えれば、どう行動すべきかは見えてくる。適材適所という言葉があるとおり、いまの場所ではうまくいかなくても、他の場所に行けばもっと活躍できる可能性は大いにある。

輝けない場所でいつまでもくすぶっている必要はないのだ。

第2章のポイント

■とことん上司の情報を収集せよ

上司の情報を集めれば、新たな一面が見えてくる。飲み会でどんどん質問したり、ストレングス・ファインダーを使ったりして、相手のことを深く知ろう。

■同じ方向性の上司につくのが成長への最短ルート

会社は「剣タイプ」「弓タイプ」「盾タイプ」「魔法タイプ」の4種類の人材で構成されている。自分が極めたい方向を見定め、同じタイプの上司のもとにつくのが正解だ。

■上司ガチャは自分の手で引ける

上司ガチャのカラクリを理解し、しっかり準備すれば、上司ガチャは運任せの〝ガチャ〟ではなくなる。

■上司ガチャの勝率を上げる方法を知れ

上司ガチャの勝率を上げるには、達成したい目標や叶えたい夢を決める、仕事で成果を上げる、デキる上司に気に入られる、自分に合う上司・合わない上司のデータを集める、の4つの方法が有効だ。

■ハズレを引いたと思っても決してあきらめるな

いくら手を尽くしても、理想の上司を引き当てられないことはある。そんなときは、相手の本質と今一度向き合おう。フラットにジャッジして、相手と一緒にいるメリットが見出せないなら、異動希望を出したり、転職したりするのもいい。

第3章

「自分の限界」を超えて、成功を勝ち得るために。

虚勢ではなく「心からの声」で、自分という人間力で勝負する。

この章では、ビジネスパーソンとして成長するための考え方を紹介していきたい。

どんな仕事でもそうだと思うが、特に営業というのは、担当者の人となりが成績に結びつく職種だと思う。

もちろん、商品・サービスの知識や、基本的なビジネスマナー、お客さまからヒアリングできる能力、伝えたいことを的確に伝えられる説明力やプレゼン力、お客さまを丁寧にフォローできるCS（カスタマーサクセス）的な能力も必要だ。しかし最終的には、「契約する」も「契約しない」も、「契約を継続する」も「契約を更新しない」も、やはり人が決めることなので、「お客さまのために」という姿勢を持ち合わせていない不誠実な担当者では、相手の心をつかむことができず、営業成績は上がらないだろう。

学生の頃なら、少しくらい虚勢を張っても、相手に見抜かれなかったかもしれないが、**ビジネスの現場では虚勢は通用しない。本当に心から思っている言葉でなければ、相手の心には響かない。**自分という人間性がある程度しっかりしていなければ、お客さまに認めてもらうことは難しい。

そう考えると、**適当なことを口にするのはやめ、自分の心の声を形にできる勇気を持つことが大切**ではないだろうか。

これはお客さま相手のときだけでなく、上司と接するうえでも重要なことである。**適当なことを言う、チャラチャラとした人は、その薄っぺらさがすぐに見抜かれてしまう。**自分の言葉で、真摯に、丁寧に、素直に、思いを表現したほうがいい。

私はよく、最強上司から**「ウソは絶対につくな」**と指導された。当時の私はまだまだ子どもで、そう言われても自分に都合のいいウソばかりついていた。

いま思えば、経験豊富な最強上司にはバレていたのだろう。人格者だからこそ「藤﨑はまだ子どもだな」と呆れながら、わざとだまされたフリをしてくれていたのかもしれない。当時のことを思い返すと、ただただ恥ずかしい。

人間力は、上司、お客さま、同僚、先輩、後輩など、ビジネスにおけるあらゆる人間関係において欠かせないものだ。

たとえば、上司には適当におべっかを言っておけばいいと考え、「僕の憧れです！　一生ついていきます！」などと伝えても、心からそう思っていないのであれば相手にはすぐわかってしまう。むしろ逆効果で、かえって嫌われてしまうだけである。

上司視点からすれば、「あなたのスキルはすごいけど、正直、私なら超えられると思っています。マジで見ていてくださいよ」くらい言ってくれたほうが、かわいげを感じる。もちろん、最低限の礼儀は守らなければならないが、**「本気で言っている」**ということがとても大事なのだ。

本書を読んでいるみなさんには、これを機にあらためて、自分の人間力を問い直してみてほしい。「この上司はハズレだ」「この会社、ハズレ上司ばっかりだな」などと不満を口にする前に、自分自身を見つめてみること。たとえ「当たり」だと思う上司が社内にいたとしても、自分自身が「当たり上司」に見合うだけの人間力を持ち合わせているだろうか?という視点が大切だ。

それをじっくりと考えてみると、「自分は全然ダメだ、もっと成長しなければ」「どうして自分の至らなさを棚に上げて、上司の文句ばかり言っていたのだろう?」と思うところがあるかもしれない。そうした自覚を持つことが、人間力を磨くためのスタート地点だと私は考えている。

仕事の「心幹」が成長を左右する。

そして、成長を左右する要因となるのが、上司に対する姿勢である。上司に対してリスペクトを持ちつつ素直に向き合っていれば、社外の相手と接するときも自然と同じように向き合えるからだ。

結果として、実績は後からついてくるものである。もしリスペクトできない上司に当たったら、まずは第2章で述べた「スキル・マトリックス」を確認してみよう。どんな上司でも、必ず自分とは違う強みがあるはずなので、その強みを盗むことに集中すればいい。

「上司に対する姿勢なんて、基本中の基本ですよ。もっと即効性のあるテクニックを教えてほしい」と思う人もいるかもしれない。若手時代の私だってそう思っていただろう。

だが、**基本こそ最重要であり、成長のカギとなるもの**なのである。

有名なスポーツ選手を思い浮かべてほしい。大谷翔平選手、三苫薫選手、大坂なおみ選手、八村塁選手。基本が形成されていない人など、ひとりもいないはずだ。実績を上げている選手こそ、フォームがきれいだったり礼儀がきちんとしていたりする。基本の型に忠実で、体幹が強く、芯がブレない。**基本ができているからこそ、応用が利く**のだ。

この「スポーツ選手の体幹に当たるもの」を、ビジネスパーソンの心の芯として、**「心幹（しんかん）」**と呼ぶことにする。心幹になり得るものは、次のような行動だ。

・5分前行動を心がける
・笑顔で、自分から大きな声で、相手の目を見て挨拶する
・タクシーの運転手さんやコンビニの店員さんに丁寧に接する
・誰かにごちそうになったら、当日中にお礼のメールをする

・メール、ラインなどは即レスをする
・相手がタクシーで去っていくときは、見えなくなるまでお辞儀をする
・上司の飲み物がなかったら気遣う
・カラオケでは率先して役に立つ
・後輩の面倒をしっかり見る

これらは日本のビジネスでは欠かせない、基本的な礼儀である。ひと昔前なら、社会人1年目になったら即、先輩や上司から叩き込まれていたような基礎中の基礎だ。

けれどいま、先輩が後輩を厳しく指導できるような余裕のある会社は減っているように感じる。また、リモートワークの導入により、礼儀の部分まで指導が行き届かないケースも多いと聞く。新人からしてみると、先輩や上司から叱られることはほとんどなく、たまに厳しいことを言われたら「あの上司、うるさいな。上司ガチャにハズレた」という発想になるのかもしれない。

だが、基本的なことを指導してくれた先輩や上司がいたなら、嫌がるのでは

なく、心から感謝をしてみてほしい。そんな上司に当たった場合、むしろそのガチャは「当たり」だろう。基本がゆるくなってきている現代にこそ、「礼儀正しさ」は強い武器になるのだ。

人がやらないことをやることこそ、成功の秘訣だとは、繰り返し話したとおりだ。令和の読者からすれば、「これに何の意味があるのだろう」と思うような慣習も多いかもしれない。けれど、そこに意味を見出す人はまだまだたくさんいるのだから、まずは実践してほしい。

ビジネスにおいてはセンスや知識などで大きな差がつくため、たとえ精一杯努力したとしてもその差はなかなか埋まらない。けれど、「礼儀正しい姿勢」には差がつかず、むしろやればやるだけプラス評価となる。どんなにセンスがなくても、知識がなくても、心がけ次第で抜きん出た評価を得ることができるのだ。なぜなら、人の評価は小さなこと、1パーセントの積み重ねで評価されるからである。

センスや知識、学歴など、何かしらのコンプレックスを持つ人こそ特に、礼儀正しい基本の姿勢が必要だ。誰もができるのに、他の人がやっていない領域にこそ、成果を出すチャンスが眠っているのだから。

また、夢を持つことも、成長のための基本姿勢だ。大きな夢を描くとともに、具体的な目標を持って行動する。この2つがそろってこそ、自分を追い込んで、成長への道を歩んでいける。

スピリットベンチャー宣言でも、「夢」の大切さについて言及されている。スピリットベンチャー宣言における「夢」の定義は「人生を何に捧げるのか」だ。自分の夢は何か。限りある時間を何に捧げるのか。そのことについて考えれば、おのずといまやるべきことが見えてくるだろう。

「できること」に集中する。ただし、競合がいない場所で。

「誰もができるのに、他の人がやっていない領域にこそ、成果を出すチャンスが眠っている」というのは、さまざまなシーンで応用できる考え方だ。

たとえば、あなたの会社のトップセールスが、大手クライアントから大型契約を1カ月に2本獲得したとする。一般的には、その人のやり方が正解だと考えて、そのやり方を真似するだろう。トップセールスがやったことを共有してもらい、部内で勉強会をしたりして、新たなやり方として取り入れる。

私なら、そうはしない。なぜなら、私とトップセールスは別の人間で、強みも弱みもまったく違うからだ。私がこのトップセールスのやり方をそのまま取り入れたからといって、同じ結果が出るとはとても思えない。「人と同じであることが正しい」という考え方はいったん捨てて、まずは自分の強みに注目し、強みを活かす方法を考えたほうがずっと生産的ではないだろうか。人は変われないものだし、前述の『さあ、才能（じぶん）に目覚めよう』の著者もそう言っている。

トップセールスがテレアポの数を増やしてすばらしい成果を出したからといって、テレアポが苦手な人は、テレアポの数を無理に増やす必要はない。会話力より文章力に自信があるなら、その強みを活かして手紙やメールでアプローチしたほうが、ずっと成果が出やすくなると思う。

できないことより、できることに集中する。苦手は捨てて、得意を磨く。勉強においてこれはタブーだったかもしれないが、ビジネスにおいてはむしろこちらが王道の勝ちパターンなのだ。

にもかかわらず、「できないことをできるように」という方針の組織はなぜか多い。もしそういう組織に入ってしまったのなら、冷静に自分の特殊能力を見極め、とことん磨き、アピールすればいい。

たとえば、プレゼンは苦手だけど、プレゼン資料を作るのは神がかり的にうまい人がいたとしよう。それならば、チームメンバーのプレゼン資料を作ったり、他の人が作った資料をブラッシュアップしたりする係を引き受けるのはどうだろうか？　次第に「アイツは資料作りのプロだ」と評判になり、いろいろな人が相談にくるようになるはずだ。

そうなれば、上司との交渉も安易となる。「話すことは苦手ですが、資料を作るのは得意です。プレゼンは他の人に任せて、資料作りの専任にさせていただけないでしょうか」と提案することもできる。完全に思いどおりにはいかないにしても、上司はチームの成果を最大化することが仕事なのだから、「プレゼンはこれまでの半分でいいよ。その代わり、チーム全員の資料をレビューして」と言ってくれるかもしれない。そうすることでチームの生産性が上がることを示すことができれば、こちらのものである。

弱みを強みでカバーする方法は、いろいろある。

そのうちのひとつは、信頼と尊敬の理念のもと、強みを他の誰かから〝貸してもらうこと〟だろう。たとえば私は、資料作成能力や財務的な能力はないけど、ずうずうしく頼む能力はある。そのずうずうしさで周囲の人に資料作成や財務の仕事をお願いして、カバーしている。

もちろん、自分の他の能力でカバーする手もある。もしも「入社面接でいつも緊張してしまって、うまくしゃべれない」なら、会社への思いを伝える別の方法がないか考えてみればいい。「歌は得意なので、歌で御社への気持ちを表現してもいいでしょうか？」「私の志望動機をイラストにしてきました」と言う人がいたら、自分の強みを活かしている賢い人だと思うし、私なら「おっ」と心を引かれる。できないことができるようになるために努力するのは、時間のムダとまでは言わないが、かなり遠い道のりだ。「できないことはやらない」と決めてしまえばいい。**できることを深掘りする努力をするほうがずっと効率的だし、第一に楽しい。**

ここまで読んで「資料作りも苦手だし、歌もイラストも無理。強みなんてない」と思う人もいるだろう。**強みというのは、もっと小さなものでもいい。**私の場合は、劣等感が強みになった。人よりもかなり強い劣等感を持っていたからこそ、社会人デビューを目指して努力することができたのだと思う。

なお、できることに集中するのは大事だが、それは競合がいない場所に限る、というのもポイントだ。

大手企業相手の営業が得意だからといって、競合他社が同じ戦略で攻めてきているなら、軸を少しズラさないと結果が出づらくなる。自分の強み・弱みと競合の状況を客観的に見て、自分の勝てる領域を探してみるのもおすすめだ。

漫画『ドラゴンボール』に登場する「魔人ブウ」というキャラクターをご存じだろうか？　魔人ブウは、相手を吸収することで、どんどんパワーアップしていくという特徴がある。

ビジネスにおける強みの増やし方は、まさに魔人ブウ方式だと私は考えている。結果を出している人のやり方や強みを見極め、自分に合いそうなものがあればどんどん取り込んでいく。自分のやり方だけに固執するのではなく、他の人のいいところも都合よく吸収するのだ。そうすれば、いろいろな人の強みを取り込んだ、最強のビジネスパーソンができる。

そういう意味で言えば、私はこれまでにお世話になった6人の上司の強みを少しずつ吸収したからこそ、トップセールスになれたように思う。

だから、「この上司はハズレだ」と嘆くのではなく、感情抜きに相手の特性や特技、強みを見て、うまく取り込んでいってほしい。ハズレ上司だとしても、ひとつくらいはいいところがある。その人のもとについている時間をムダにせず、少しでも成長を目指すことが大切だ。

意識すべきは、「成功」よりも「成長」。

「失敗するのが怖くてチャレンジできない」と言う人も散見されるが、このスタンスは非常にもったいない。私ももともと、プライドが高いこともあり、何かに失敗したら、へこんだり嫌な気持ちになったりするタイプである。けれど、無理やり考え方を変えて、**「失敗は成功のチャンスだ、失敗できた私はラッキーだ」と思い込むようにした。**すると、どんどんチャレンジできるようになり、実績が出たし、成長のスピードが速くなったのだ。

物事の捉え方は、自分次第で変えられる。ひとつ失敗したのなら、次のように考えてみたらいい。

・失敗した！　これでまた成功に一歩近づいた！
・他の新卒より先にこの失敗ができたのはラッキーで、経験値が増えた！
・また失敗だ！　失敗を10個したら、おいしいケーキを買おう

Awich氏というラッパーの楽曲「RASEN in OKINAWA」に、「失敗は成功のもと／成功の反対にあるのは何もやらないこと」という趣旨の一節がある。私はこのメッセージに非常に共感した。失敗を恐れて何もしなければ、絶対に成功にはたどり着けない。ならばどんなに傷ついたとしても、失敗したほうがいいに決まっている。

若い頃は自分の伸びしろもなかなかつかめないだろうし、どれくらい先に成功があるのかも見えにくい。とにかく結果を出したくて、成功を求める気持ちもわかる。しかし、成功よりも成長を求めるというマインドに変えてみると、行動が変わり、結果が出やすくなるはずだ。

第1章でGMOインターネットグループのスピリットベンチャー宣言を紹介したが、スピリットベンチャー宣言を含む企業理念の中に次のような言葉がある。

夢あるところに行動がある
行動は習慣をつくり
習慣は人格をつくり
人格は運命をつくる

夢があるからこそ行動できて、行動が習慣になり、習慣が人格をつくって、運命をつくるのだ。私自身、この言葉を心の支えにして常に夢をアップデートし続けてきた。最初は「新卒で1位になる」が「部署で1位になる」となり、そのうちに「全社のアワードを獲得する」になった、というように。

ひとつの夢が叶ったら、もっと大きな夢に向かう。夢は終わらないのだ。

夢をアップデートするといっても、難しく考える必要はない。ゲームで、難易度「Very Easy」から始めて、それをクリアしたら「Easy」→「Normal」→「Hard」→「Very Hard」と進んでいくように、**まずはひとつ、Easyな目標を設定する。**それが意外と簡単にクリアできると、自然と次の目標に進んでいけるだろう。

このように、**すごく簡単だったり、頭にパッと思い浮かんだりした目標を立てることから始めればいい。そしてその目標に向かって、とにかく走り出してみればいい。**

「何のために頑張るのか」は、ビジネスのマインドセットにおいて最も重要なものなのだ。

人は、エレベーションに喜びを感じる。

挑戦の過程では、最初はドキドキして、なかなか動き出せないこともある。しかし、いくつか挑戦していくうちに、挑戦する自分が当たり前となり、快感になっていく。なぜなら、人は基本的に「レベルが上がっていく＝成長していく」ことに喜びを感じる生きものだからだ。

青山フラワーマーケットを運営する株式会社パーク・コーポレーションの代表取締役、井上英明氏は、あるインタビューの中で次のように話している。

「仕事というのは自分を磨くための『砥石』、会社というのは学びのための『道場』であると思っています。道場で砥石を使って、プロセスのちょっとしたところをどれだけ楽しむか、それが『Elevation ＝自己の成長』につながると考えます」

井上氏は、ご自身の経営と人生の軸を「Elevation（エレベーション）＝自己の成長」に据えているそうだが、私はこの表現が大好きだ。仕事はときにつらいものだが、「仕事を砥石にして、自分を磨き上げたい」「自分を磨き上げるプロセスを楽しんで、もっともっと成長していきたい」という気持ちを抱かせてくれる言葉だと思う。

エレベーションする（＝成長させる）対象は、何でもいい。もちろん、最終ゴールは自分自身の成長だが、仕事のレベルやクライアントの規模、住むエリアやマンション、車、腕時計……といったように、自分が「上げたい」と心から思っている対象をエレベーションしていくという心意気が、とても重要になる。

学生時代には、成績や部活のスコアなど、さまざまなものを上げていくことを楽しんでいた人も多いと思うが、社会人になるとエレベーションを楽しむという姿勢を忘れてしまいがちだ。それには、エレベーションには失敗がつきものだ、という要因もあるかもしれない。

けれど、夢があれば、失敗を失敗と思わなくなる。「ワールドカップで優勝する」という夢を持っていれば、試合でミスをしたって、それは「失敗」ではなく「優勝へのプロセス」にすぎない、と言えるだろう。**失敗を失敗と思わない心があれば、成長はあっという間なのだ。**

最強上司を思い出してみると、彼は失敗を失敗と思わない心の天才だった。私がお客さまに営業提案して断られたとき、彼は笑いながら「また断られたのか、よかったじゃん」と言ってくれた。逆に営業成績が順調なときは、「調子に乗るな」「おまえの実力じゃないからな」と釘を刺してくれたものだ。

不思議なことに、最強上司の「うまくいかなかったら笑ってくれる、うまくいったらカツを入れてくれる」という指導を受けていると、うまくいかなかったときは自然と**「どうしてうまくいかなかったんだろう?」「どうすればうまくいくんだろう?」**と分析するクセがついた。どんなときも私の存在を承認してくれて、「失敗は成功のもと」だということを教えてくれた最強上司には、やはり心から感謝している。

自分の性質や欲求をうまく利用する。

こうして、最強上司は私をうまくコントロールして指導してくれたのだが、その具体的な指導について話したい。

繰り返すが、最強上司のもとについた当初、私は本当に生意気な若造だった。そんな私に対し、当初、最強上司は厳しい指導をしなかった。私の根拠のない自信を少しずつ正すような、上手なやり方をしてくれたのだと、時間が経ったいま感じている。

そんな最強上司からは、「おまえはまだ社会人じゃない。早く学生から社会人にレベルアップしよう」とよく言われた。たしかに、当時の私はまるで学生のようで、自分のことばかり考えていた。けれど、一流の社会人とはどんな人なのか、優秀なビジネスパーソンのあるべき姿とはどのようなものなのか、デキる営業パーソンとしてどう振る舞うべきなのか、そういったことをみっちり教え込んでくれたのだ。

注目すべきは、その教え方である。プライドの高い私に配慮してくれたのだろう、他の人がいる前で指導したり叱ったりすることはほとんどなかった。離れた場所で、丁寧に話をしてくれた。

最強上司は、子どもっぽい私に発破をかけるのもうまかった。当時の私はチーム内で営業成績が2位。1位は先に話した先輩である。私はエースという立ち位置だったが、野球にたとえると4番バッターというよりは、1番バッターのようなイメージだ。チームの成果があがらなくて困ったとき、その状況を打破できるような、突破力のあるタイプである。

当時最強上司は、しばしば私の肩をポンと叩いては、「朝一番の時間帯で、みんな眠そうな顔をしているから、おまえの楽しいトークで1本目の契約を取って、チームを明るくしてくれよ！」と、私を乗せてくれた。本当に、マネジャー向きの人だったなと思う。

最強上司のマネジメントの甲斐あって、私はやる気に満ちあふれていた。没頭できる趣味に出合ったときのような感覚で仕事に集中し、土日も「休みたい」より「仕事をしていたい」という気持ちが勝るようになった。営業部は全部で8チームあったが、毎月私たちのチームが1位を取っていたので、みんなで「私たち、最強チームだな！」なんて言いながら、楽しくいきいきと仕事をしていた記憶がある。

私は昔から「自分の良さを認めてほしい」という気持ちがとても強い人間だ。尖っていたのも、「もっと自分の良さを認めて、伸ばしてくれる上司に出会いたい」という欲求の表れだったのだろう。

最強上司のチームで成果を上げられたのも、この強めの承認欲求が武器になっていたように思う。私の承認欲求を満たしつつ、理想的なロールモデルになってくれる上司に出会えたことで、落ち着いて仕事ができるようになったのだ。さらに「好きな人から嫌われたくない」という気持ちも強いたちだから、「最強上司やチームメンバーに嫌われたくない」という必死の思いも、モチベーションの源になったのだろう。最強上司は、それまで「組織の厄介者」だった私の個性や強みを尊重して、伸び伸び働けるマネジメントをしてくれたのだ。

そして最強上司は、私の「頼りにされたい」という欲求もうまく利用してくれた。私の父親は単身赴任で、常に不在だった。だから私が父親代わりとなり、弟と妹の授業参観に出たこともあった。それも、母親から頼られるのがうれしかったからできたことだ。

いま思い返すと、アルバイトでも、長く続けられたお店は、店長が私の「頼りにされたい」欲求をうまく利用してくれていたように思う。普段は自分のプライベートを犠牲にしてまでアルバイトに時間を使うほうではなかったが、尊敬する店長から「この日、宴会のご予約が入っていて。藤崎くんがシフトに入ってくれたらすごく助かるんだけど……」と頼まれると、二つ返事でＯＫするのが常だった。

最強上司による管理は、みなさんが想像する以上に徹底的なものだった。そのひとつが「新卒社員とは飲みに行ってはいけない」「優秀でない中途社員とはしゃべらないほうがいい」である。その理由はシンプルで「生産性が低いし、テレアポできる数が減るから」だ。加えて私自身が流されやすい性格だというのが一番の理由だったと、いまなら思える。それだけでなく、「優秀でない中途社員と話す必要があるときは全部僕を通しなさい」と言われたから、かなり徹底している。

まるで洗脳のようだと思う人もいるだろう。だが、そんな強引な手段を取ってくれたからこそ、子どもっぽかった私でもすっかり生まれ変われたのだと思う。私自身、「営業で成果を出す」という明確な目的があったから、「尊敬できる最強上司の意見に従います」「私に命令できるのは最強上司だけです」という態度を貫いた。

自分の性質や欲求をうまく利用すれば、最大限の成果を出せるし、成長できる。私は私のことを理解してくれる上司と出会えたから、これに気づくことができた。そのためには、やはり上司に自分のことを深く知ってもらうことが大切なのだ。

どう生きたいか、
どう死にたいか。

あなたは、次のような考えをどう感じるだろうか？

経営者は、みんなから慕われる、威厳のある人物であるべきだ。
母親は、家庭にいて、配偶者や子どもの世話をするべきだ。
男性は、たくさんお金を稼ぐべきだ。
営業は、明るくて誰からも好かれる人物であるべきだ。
年を取ったら、地味で落ち着いた服装をしているべきだ。
先生は、清らかで正しい人物であるべきだ。
子どもは外を元気に走り回っているべきだ。

日本社会には、このような「べき論」がまかり通っている。誰もが特定の誰かに「べき」「べきではない」を押しつけて、自分の理想通りの振る舞いを期待している。そしてその理想から外れる人がいると、みんなで口をそろえて非難する。

私は、こうした「べき論」が嫌いだ。誰もが同じであることを求められるなんてつまらないし、誰かの当たり前に従うよりも、「自分はこうありたい」という考え方を持って、その理想に近づこうとする努力をするほうがずっと大切だと思う。

けれど周囲を見渡してみると、意外と「自分は人としてこうありたい」をしっかり描いている人は少ないように感じる。だが、理想を描かないと、ゴールに向けて歩き出すことはできない。自分を成長させて幸せに生きていきたいと思うなら、理想の働き方や理想の休日の過ごし方、理想のパートナー、理想の人間関係など、どんな切り口でもいいから、理想の自分を思い描いてみてほしい。理想の自分を考えることは、理想の人生を考えることに直結しているはずだ。

驚く人もいるかもしれないが、私は「理想の死に方」もイメージしている。

つまり「どう死にたいか」である。ここから逆算して考えることで、いまどのように行動すべきかが見えてくる。ここには2つの切り口があると思っている。

1つ目は、「死ぬまでに何を成し遂げたいか」を考えることだ。「死ぬまでに何を成し遂げたいか」を考えると、自分に残された時間が有限であると気づくことができる。80歳まで生きると仮定して、あと○年、あと○カ月、あと○週間、あと○日、あと○時間……と、数値化してみるのもいいだろう。すると、ベタかもしれないが、「明日死ぬかもしれない。いまを精一杯生きて、毎日を充実させよう」と思えるようになる。

2つ目は、「最期のときを迎える瞬間に、どんな自分／どんな状態でありたいか」を考えることだ。最期のときを想像してみると、自分の本音が明らかになるだろう。私の場合、これまでは「死ぬほど仕事した、と思って死にたい」と思っていた。けれど最近になり、少し考え方が変わってきた。「最期の瞬間は、好きな人たちに笑っていてもらいたい」と思うようになったのだ。

私のことを知っている人たちが何十人も、お通夜やお葬式に来てくれる必要はない。親友だと思う人たちが数人、葬儀に足を運び、お寿司でもつまみながらお酒を飲み、私の悪口を言いながら盛り上がってくれたら本望だ。このささやかな願いを叶えるために、いまできることは何か――それを考えながら生きていきたいと思っている。

時間配分を「クォーターバランス」で考える。

少し前までは「死ぬほど仕事した、と思って死にたい」と考えていたほどワーカホリックな私だが、青山フラワーマーケットを運営する株式会社パーク・コーポレーションの代表、井上英明氏の講演に影響を受け、いまは「仕事に人生のすべてを捧げるのはもったいない」「ビジネスパーソンとしてだけでなく、人間として成長していきたい」と思っている。そこで取り組んでいるのは、**時間配分を「クォーターバランス」で考えること**だ。

まず、**人生を仕事、家族、自分、睡眠という4つの要素に分ける。**仕事に使う時間は、一般的な会社員だと8時間だろうか。健康的かつ生産的に働くために、睡眠時間も8時間ほどとっておこう。となると、24時間のうち、残された時間は8時間。この8時間を「家族」と「自分」に振り分けるのだ。

家族の時間は、その名のとおり、家族のために使う時間だ。私の場合は、妻と食事をしたり、会話をしたりする時間がこれに当たる。それ以外にも、親や子ども、同居しているパートナーとの時間が「家族の時間」である。

自分の時間は、自分のためだけの時間である。私は、趣味であるゲームやトライアスロン、ゴルフに使う時間が自分の時間となる。場合によっては、仕事関係者との飲み会や食事会も、ここに含まれることがある。

家族の時間と自分の時間のバランスは、人それぞれでいいと思う。子どもが生まれたばかりの時期なら、自分の時間はほとんどなく、その代わりに家族の時間がほぼ8時間となるだろう。睡眠の時間が削られて、その分を家族の時間に割くことにもなるかもしれない。ひとり暮らしで、家族と離れて生活している人は、8時間がほとんどまるまる自分の時間になるだろう。

時間配分のポイントは、「人生=仕事」にならないようにすることだ。働き盛りの私たちは、かなり強く意識して努力しない限り、「人生=仕事」になってしまいがちである。しかし、それではもったいない。後悔しても、仕事に費やした時間は戻ってこないのだ。

それに私個人の感覚として、仕事ばかりしている人は魅力が少ないと感じている。もちろん例外もあるものの、仕事以外の時間も充実している人はいろいろな視点を持っていたり、物腰がやわらかくて素敵だったりする。仕事を頑張ることは悪いことではないが、仕事以外の世界を持っている人は、仕事にもいい影響が生まれるはずだ。

たとえば、サーフィンという趣味を通じて友だちができると、普段仕事では接しないような人との人間関係が生まれて、自分の考えが豊かになる。利害関係がなく、属性の異なる人たちとのコミュニケーションだからこそ、フラットに学びや気づきを得ることもできるだろう。

そう考えると、いい人生を送るための時間配分は、よく働き、よく遊び、よく寝る——これに尽きるのではないだろうか。

そのためには、何はなくとも健康が第一である。よく働き、よく遊び、よく寝るというスタイルを貫いていれば、過度に疲れやストレスがたまることなく、仕事と家庭を両立しながらどちらにも偏ることなく、幸せな人生を送っていけると思う。

加えて、上司ガチャという観点から強調したいのは、仕事は人生の4分の1から3分の1を占めるということだ。貴重な人生の大部分を占める仕事なのだから、どうせやるなら、すばらしい夢を持ち、もっともっと楽しんだほうがいい。

圧倒的なトップを目指す。

仕事にすべてを捧げるという「モーレツな働き方」は、既に過去の遺物となってしまった。周囲の話を聞いていても、出世欲や成長欲をあまり持たず、仲良しサークルのように穏やかに働きたいと望む人も多いことと思う。

もちろんこれは人それぞれの価値観であって、頭ごなしに否定するつもりはない。向き不向きもあるだろう。けれど仲良しサークル的な働き方では、会社や組織、ビジネスが成り立たないこともあるだろう。

現代日本のビジネスの仕組みは、絶対的に利益追求型だ。楽しくのんびり働いていて、一見うまくいっているようでも、必ず利益の壁に直面するときがくる。まずはその事実を受け入れてほしい。そのうえで「圧倒的なトップを目指す」という気概を持てる人こそ、スピーディーに成長していけて、結果的に気持ち良く働ける人ではないだろうか。

いまの会社が快適なら、それはそれでいいかもしれない。だが、何らかの事情によって、転職したいと思うときがきたらどうだろうか。

転職においては、履歴書や職務経歴書が何より大きな影響を持つ。**「トップセールスでした」と書けるか、書けないか、たった1行の違いによって、結果は必ず変わってくる。**選択肢を広げたいなら、そうしたアピールポイントを持っておくに越したことはない。

自分の将来の選択肢を広げるためにも、まずはいまの会社で成長し尽くすこと。成果を残すというのは大変だと思うが、きっと未来の自分が感謝してくれるはずである。

私は紆余曲折を経てこのように考えられるようになったが、若手の頃は、将来のことを考えて頑張っていたわけではない。どちらかというと「こんなはずじゃなかった」「自分はもっとやれるはずだ」という劣等感や悔しさが原動力になっていた。特別な強みもなく、学歴もない自分。そんな自分だからこそ、自分よりも優秀な同期たちには負けたくないという気持ちがあった。

こんなはずじゃなかった、自分はもっとやれるはずなのに、同期に負けて悔しい……そうした心のスキマは努力でしか埋められない。そんなふうにモヤモヤしているなら、とりあえずがむしゃらに努力すれば、気持ちが楽になるように思う。

「壊すべきもの」と、「守るべきもの」。

私は決して、あらゆる物事について「昔は良かった」と言いたいわけではない。ただし、成功の勝ちパターンは、いまも昔も変わらないということはしっかり伝えたい。

私自身、若い頃はひどく子どもっぽい人間だったし、昔ながらのルールには、現代においてまったく意味をなさないものもある。本当に意味がないものならば、いっそ壊してしまって、より効率的で生産的な選択をするという手もある。

その一方で、若手の頃は「なぜ、こんな無意味なことをしないといけないんだろう?」と思っていたのに、いまになってその意味がわかったこともある。

たとえば、「若手は朝早く出社して、みんなのデスクをきれいに水拭きする」というルールだ。

正直、当時は意味がないと思っていたが、デスクを拭くことによって全員が少しでも気持ちよく働けて、モチベーションが上がる。ならばやる価値はあったし、立派な仕事だったといまになって思う。それに、「掃除、ありがとう」と先輩や上司から声をかけてもらうこともあり、自然とコミュニケーションのきっかけになっている、という面もある。

営業部にありがちな「朝礼の1分間スピーチ」も同じだ。正直、ネタを考えるのは面倒だし、人前で話すのが嫌だという人もいるだろう。だがこれは、朝一番の発声の練習になるし、ユーモアやトークのスキルを磨くことができる。自分のスピーチによって笑ってくれたり、学びを得たりする人がいれば、自分にとっても相手にとっても価値ある時間になる。面倒でも、時間のムダに思えても、1パーセントでも意味があるならやったほうがいい。

最強上司のもとで仕事をしていたときは、私にとっての「ビジネスパーソンの青春」だった。つらいこともあったが、すくすくと自分が成長しているという感覚があり、無我夢中に仕事に取り組めた。損得を考えず死ぬ気で働けて、まさに青春だったと思う。

このように、毎日達成感を得られるというのは、ビジネスパーソンにとってすばらしい経験ではないだろうか。

このように、「やらされ感ではなく、自分が楽しくてやっている」「仕事を仕事ではなく、遊びだと思っている」という状態になれれば最強だ。そうすれば、自動的に成長できると言っても過言ではない。

この状態になれれば、上司ガチャに振り回されない人生を送ることができる。変化の激しい時代だからこそ、これを目標にすることをおすすめしたい。

「自分の限界」を壊してくれる人を大切にする。

あなたは、指導の厳しい上司や先輩のことをどう思っているだろうか？
いつも重箱の隅をつつくような指摘をしてくる同僚のことは？
生意気で、自分の指示を素直に聞いた試しがない後輩のことは？

おそらく多くの人は、こういった人たちのことを「うっとうしい」「邪魔だ」「どうして自分ばかり攻撃してくるのだろう。嫌がらせかな？」などと思っているのではないだろうか。その気持ちはとてもよくわかるし、誰だって、自分のことを肯定してくれる人と一緒にいると心地いいのは当然だ。

では、こうした人たちのことはどう思うだろう。

優秀すぎて、正直その思考についていけない上司のことは？
自分とはまったく違う視点や専門分野を持ち、自分のアイデアに思いがけない、鋭すぎる指摘をしてくる同僚のことは？
自分より高レベルの資格を持っている後輩のことは？

おそらく、先ほどの問いと同じような答えが返ってくるのではないだろうか。「一緒にいて落ち着かない」「少しはこちらの気持ちも考えてほしい」などと思ってしまうのは自然なことである。人間は自分と似た人と一緒にいたがるものだから。

ところが、**こうした人たちは、あなたを一段も二段も成長させてくれる可能性を秘めている。**たとえば最強上司のチームに入ったばかりのとき、最強上司が当時1位の先輩を贔屓しているように感じたことは、先述のとおりだ。しかし、それを見て「どうしてこの先輩ばっかり」「自分も見てほしい」と奮起したからこそ、その後に結果を出せたし、いまの私があるのだ。

そうした経験から、私は起業したのち、**「自分より優秀なメンバーがほしい」**

と思えるようになった。それまでは、「先輩は、後輩よりも仕事ができなければならない」という思い込みがあった。「サッカー部の先輩は、後輩よりサッカーがうまくなければならない」と似たような考えだ。

けれど、うちの会社のメンバーは私が最年長。だから、「優秀な年下メンバーを採用したら、幻滅されてしまうかもしれないし、私の地位が取られてしまうかもしれない。そもそもそんな優秀な部下のことをうまくマネジメントできるだろうか」という不安と恐怖もあった。けれど、現在の社外取締役COOと出会い、その考えはすべて一新された。

私と彼という経営ボードは、ライバル関係や上下関係ではない。パートナーであり、RPGのパーティーだ。私は剣で、彼は弓。そう思えるようになったのだ。

彼は、私が「今期は10億円突破したいね」と言うと、「いや、20億円いけますよ」と、私の常識をどんどんぶち壊し、上へ上へと引っ張ってくれる。そう言われると私はメラメラと刺激されて、「よし、100億円を目指してやってやるぞ」という気持ちになれる。そんな彼は、私の限界を壊してくれる貴重な人材である。

このように、違うタイプの人とうまくコラボレーションできると、刺激を受けられて、モチベーションと生産性が高まる。これもまた、成長には欠かせないステップだ。

どんなにつらくても、その状況を楽しむ。

人は、楽しい場所やおもしろい場所に集まる。これはとある先輩から教えてもらった言葉だが、人間という生きものは、「楽しい」や「おもしろい」を好む傾向にあるという。

たとえば、次の2つの会社があったとしよう。A社は、入社すれば大きく成長できること間違いなしだ。ただし、仕事は決して楽しくはない。厳しいノルマを課される。一方でB社は、とにかく楽しい。大きく成長できるという保証はないものの、楽しい上司や同僚に囲まれて、毎日笑顔で働ける。

さて、あなたはどちらの会社を選ぶだろうか？　おそらく、ほとんどの人がB社を選ぶだろう。本書を手に取るようなストイックな人はA社にも心惹かれるかもしれないが、人間は幸せを追い求める生きものだから、B社のほうが人気になることは間違いない。

先ほどの例は「成長」と「楽しい」という極端な二項対立だが、**一番いいのは「成長」と「楽しい」を両立することだ**。つまり、自己成長に楽しさやおもしろさを感じられるのがベストだろう。「成長したい」という思いがあっても、結局、いくら成長できるとはいえ、楽しくなければ続けることはできない。

私は昔から「どんな状況も楽しみたい」「成長を続けて、一度きりの人生を最高に楽しいものにしたい」と考えている。上司ガチャでハズレを引き続け、何人もの上司をたらい回しにされていたときも、彼らへの不満をつまみにして楽しく酒を飲んでいた。どんなにつらくても、誰か特定の人を恨むのではなく、その状況を笑い飛ばす。そんなふうに物事を捉えられたら、人間としてまた一歩成長できると思う。努力を楽しめる人こそが、スピーディーに成長していくのだ。

だから、**もしも上司ガチャでハズレを引いても、あえてその状況を楽しんでみてほしい。**そんな様子を、運命の上司がどこかで見ていてくれるかもしれないのだから。

悩む時間はもったいない、いま、ここから行動を起こす。

新卒の頃は「良い上司に巡り合えない」「誰も自分のことをわかってくれない」とうじうじ悩んでいた私だったが、いまの私からすると、悩む時間はもったいないと思える。

ここで誤解しないでいただきたいのだが、「考える時間」は、決してロスではない。夢と目標に向かって、いま何をすべきか、建設的に考えることは大切だ。けれど「悩む時間」は、完全なるロスである。悩んでいる時間は、建設的な思考ができないから、解決に向かって進むこともできない。

悩んだり腐ったりしているヒマがあったら、頭を前向きに働かせて、さっさと行動したほうがずっといいのではないだろうか。

私はいま、とてもせっかちだ。たとえば、ランチで洋食屋さんに入って、「Aランチはカレー、Bランチはハンバーグか。どっちもおいしそうだな。さあ、どっちにしようか。カレーは先週食べたからな……。でもハンバーグよりもカレーの気分だな……」とわずか1秒悩む時間さえもったいなく感じる。最近では、こんなときはカレーとハンバーグ、両方頼んでしまうようにしている。

どうして、こんなにせっかちになってしまったのか。その理由は、まわりのライバルが見えるようになったからだ。

私は負けず嫌いだし、競争意識もあるから、自分と同年代でもっとすごい人がたくさんいることを考えると、「私が悩んでいる間にも、彼らはどんどん成長している。また差をつけられてしまう」と感じてしまうのだ。

自分が悩んでいる時間は、ライバルがもっと成長している時間である。そう考えると、悩む時間がもったいなく感じられるようになるだろう。

ただし、先ほども書いたように、建設的に考える時間は決してムダではない。壁にぶち当たったら、**「どうしたらできるだろうか?」**と考えるクセをつけたほうがいい。そして、考えた解決策を試してみる。それでまたうまくいかなかったら原因を分析して、新たな解決策を試す。こうしてPDCAサイクルを回し続ければ、ビジネスはたいていうまくいく。

悩んでいる時間は、PDCAサイクルから外れている時間であって、何の解決策にもつながらない。だから、「悩む」ではなく「考える」に集中し、休む間もなくPDCAサイクルを回し続けることが成長の鉄則なのだ。

特に営業をやっている人なら、「悩んでいるヒマなんかあったら、さっさと次のリストに電話しろ」と言われることがあるのではないだろうか。これはそのとおりで、「悩む」という行為からは、解決策は生まれない。おそらく、新人であれば何もわからないまま素直に次のリストに電話をして、また失敗するだろう。そして落ち込んで、手が止まってしまう。だが、この「失敗する」ことこそが、成長への第一歩なのだ。

失敗すれば、その失敗から学べることが必ずある。悩んでいるより、何かしら行動してみたほうが、学べるものはずっと多い。

上司ガチャも同じだ。ハズレを引いたからといって、悩んでいるヒマなんかない。上司自身は変えられなくても、自分の意識や思考、行動は変えられる。自分の行動を変えれば、自分の未来は確実に変わっていくのだ。

第3章のポイント

■相手の心をつかめるかどうかは「人間性」が決める

適当なことを言う、チャラチャラとした人は、その薄っぺらさがすぐに見抜かれてしまう。自分の言葉で真摯に思いを表現できる人こそ信頼され、成果も上がる。

■仕事の評価は「センス」より「知識」より「姿勢」

どんなにセンスがなくても、知識がなくても、基本的な姿勢が整っていれば抜きん出た評価を得ることができる。

■「苦手」は捨てて「得意」を磨け

競合のいない得意分野を見つけて、とことん磨くべきだ。結果を出している人のやり方や強みを見極め、自分に合いそうなものがあればどんどん取り込んでいく。

■「成功」よりも「成長」を意識せよ

「成功」より「成長」を求めるマインドセットが大事だ。マインドを変えるだけで、行動が変わり、成果が出やすくなる。

■「人としてどうありたいか」と「どう死にたいか」をイメージせよ

理想を描かないと、ゴールに向けて行動することはできない。達成したい目標を掲げ、そこから逆算して行動する。

■悩むヒマがあるなら行動せよ

行動すると必ず失敗するが、そこから得られることが必ずある。悩んでいるより、何かしら行動したほうが、前に進んでいける。

おわりに

ちょっとした努力と考え方の積み重ねで、ガチャの勝率は上がる。これが、私が本書を通して最も伝えたかったメッセージだ。

「上司と相性が悪くて、仕事が憂鬱」
「同期みたいに、もっと優秀な上司に指導してもらいたかった」
「上司に叱られてばかりでつらい、早く配置換えしてほしい」
「上司が無関心で、ほぼ放置。こんな調子じゃなければ、もっと成長できるのに……」

このように、うまくいかない原因を自分以外に求めて、上司ガチャにハズレたことを嘆きたくなる気持ちは、痛いほどよくわかる。

けれど、何度も上司ガチャを引いてきたいまだから断言できることがある。それは、「嘆いているヒマがあったら、上司の本質を見極めようとしたり、自己分析をして自分の目指すゴールを決めたり、もっといい上司の下につけるように努力したりしたほうがずっといい」ということだ。

私が、なぜ最強上司に出会えたのか。その理由は本書を通じてたびたび話してきたが、やはり営業の仕事にがむしゃらに取り組んでいたからではないかと考えている。

当時の私は、成果は出しているけれど誰も一緒に働きたくないような、生意気で尖った奴だった。性格は最悪なのだから、これで営業成績もダメだったらさすがの最強上司も「一緒にやろう」とは思ってくれなかっただろう。

「最強の上司に拾ってもらえるなんて、ラッキーだったね」というひと言で片づけるのは簡単だ。だが、最強上司に拾ってもらえたのは、絶対に偶然ではない。営業という仕事では人一倍成果を出していたし、「いまの上司は運命の上司ではない」「自分を輝かせてくれる上司に出会いたい」という思いを抱いていたからだ。

本書ではたびたび、上司・部下の関係を恋愛関係や夫婦関係にたとえてきた。上司・部下の関係は、恋愛関係や夫婦関係と同様、相手と自分がそろって初めて成り立つ関係であって、相手の立場や気持ちを思いやらなければうまくいかない。このことに異論を唱える人はいないだろう。

だがなぜか、それが上司・部下の関係になった途端、相手のいいところを見つけたり、相手の言わんとするところを理解したりする努力を怠ってしまう。部下は「上司だからわかってくれてもいいじゃないか」「どうしてもっと自分らしく働ける仕事を回してくれないんだ」などと、相手に一方的に求めるだけ。上司のほうも、部下のことを単なる駒としか思っていないことが往々にしてある。

そんな人たちに伝えたいのは、一般的な人間関係に立ち返って考えてほしい、ということ。そして部下は、上司をただひたすら好きでいてほしい、ということだ。上司も部下もひとりの人間なのだから、相手に求めすぎず、良好な関係をキープする努力をしてほしい。そのうえで、部下の立場にある人は、上司のことを信頼して尊敬してほしい。

ただし、相手のことを知らなければ、信頼も尊敬もできない。まずは相手に向き合い、データを集めたうえで、信頼・尊敬できるところを探す。リスペクトを示せば、相手との関係は少しずつ改善していくだろう。

私は、上司ガチャを回し続けた。これは普通の人からすれば、真似しにくい方法かもしれない。異動の機会はきっと限られているだろう。けれど、自分が引き当てた上司との向き合い方を変えれば、成長のきっかけは必ずつかめる。尖りに尖っていて、自分のことしか考えていなかった私が、チーム全体での成果を考えられる人になったように。

だから、上司ガチャでハズレを引いたと思っても、嘆くだけではなく、上司との向き合い方を変えてみることをおすすめしたい。上司を攻略するゲームだと思って、いろいろな攻略法を試しながら、楽しく取り組んでみてはどうだろうか？

本書は、「上司ガチャをうまく活用して、ビジネスライフを前向きに変えていってほしい」という気持ちを込めて書いた。上司ガチャ力を身につけて理想のビジネスライフを送れる人が増えたなら、すごくうれしい。

人は、ひとりでは成長の限度がある。だから、あなたが自分を輝かせてくれる最高で最強の上司に出会うこと。そして、最高の上司のもとで活躍してさらに力をつけ、あなた自身が最高の上司になることを、心から祈っている。

最後に、本書に関わってくださったGMOインターネットグループの青柳さんと新野さん、クロスメディア・パブリッシングの金子さんと佐藤さん、ライターの庄子さん、出版アドバイザーの雨宮さん、校閲補助頂いた岡田さん、この本を出版する機会をくださった紙屋さんに、あらためてお礼を伝えたい。そして、帯に素敵な推薦文をくださったGMOインターネットグループ代表取締役の熊谷正寿さんにも、この場を借りて感謝を申し上げたい。

2023年8月吉日

株式会社エースディレクション代表取締役　藤崎友輔

装丁　krran（西垂水 敦）
本文デザイン・DTP　西原康広
編集協力　ブランクエスト

［著者略歴］
藤崎友輔（ふじさき・ゆうすけ）
株式会社エースディレクション代表取締役。
GMOインターネット株式会社（現・GMOインターネットグループ株式会社）入社後にさまざまな苦難と数々の上司ガチャを乗り越え、2010年に全社員約1200名の中でトップセールスを記録した結果、「最優秀個人賞」を獲得。その後、同社で師事した上司からの言葉をきっかけに独立。2016年、営業ソリューション＆広告代理店として株式会社エースディレクションを創業。2023年７月に株式会社VIM Arrangement、同年９月に株式会社エース・ホールディングスを設立。

上司《じょうし》ガチャ

2023年 10月11日 初版発行

著　者　藤崎友輔

発行者　小早川幸一郎

発　行　株式会社クロスメディア・パブリッシング
〒151-0051 東京都渋谷区千駄ヶ谷4-20-3 東栄神宮外苑ビル
https://www.cm-publishing.co.jp
◎本の内容に関するお問い合わせ先：TEL（03）5413-3140／FAX（03）5413-3141

発　売　株式会社インプレス
〒101-0051 東京都千代田区神田神保町一丁目105番地
◎乱丁本・落丁本などのお問い合わせ先：FAX（03）6837-5023
service@impress.co.jp
※古書店で購入されたものについてはお取り替えできません

印刷・製本　株式会社シナノ

ISBN978-4-295-40875-8　C2034